文化自信与苏州实践

WENHUA ZIXIN
YU SUZHOU SHIJIAN

姜春磊 著

苏州大学出版社
Soochow University Press

图书在版编目(CIP)数据

文化自信与苏州实践／姜春磊著．—苏州：苏州大学出版社，2021.6
ISBN 978-7-5672-3615-8

Ⅰ.①文… Ⅱ.①姜… Ⅲ.①城市文化—文化发展—研究—苏州 Ⅳ.①G127.533

中国版本图书馆CIP数据核字(2021)第123535号

文化自信与苏州实践
姜春磊 著
责任编辑 刘一霖

苏州大学出版社出版发行
(地址：苏州市十梓街1号 邮编：215006)
苏州市深广印刷有限公司印装
(地址：苏州市高新区浒关工业园青花路6号2号厂房 邮编：215151)

开本 700 mm×1 000 mm 1/16 印张14 字数169千
2021年6月第1版 2021年6月第1次印刷
ISBN 978-7-5672-3615-8 定价：46.00元

若有印装错误，本社负责调换
苏州大学出版社营销部 电话：0512-67481020
苏州大学出版社网址 http://www.sudapress.com
苏州大学出版社邮箱 sdcbs@suda.edu.cn

序

历史的长河滚滚向前，人类文化也在这个过程中递进变迁，盛而复衰、衰而复盛。儒家、道家、法家等诸子百家学说及建筑、文学、历史、饮食、风俗、艺术等文化如影随形，渗透在人们生活的方方面面，成为我们日常工作、生活的一部分。对自身民族文化价值和生命力充分肯定，坚定文化自信，是我们实现中华民族伟大复兴的强大动力，没有文化的弘扬和繁荣，就没有中国梦的实现。在我国，文化自信既是一个理论问题，也是一个实践问题。

2021年，是中国共产党成立100周年，是"十四五"开局之年，也是全面建设社会主义现代化国家新征程开启之年。苏州市委党校青年教师姜春磊撰写的《文化自信与苏州实践》敢于探索文化自信的理论和实践问题，很有意义。本书在一些地方仍有可挖掘和完善的地方，但党校青年教师这种探索和担当精神值得肯定。

习近平总书记指出，"历史和现实都表明，一个抛弃了或者背叛了自己历史文化的民族，不仅不可能发展起来，而且很可能上演一场历史悲剧"。坚定文化自信，不能离开中国的历史去谈文化，也不能离开中国的具体国情去谈文化。面对各种文化挑战，我们必须坚定文化自信，不断地认识文化、反思文化，在现代化的浪潮中，在科技的星辰大海中，保持自我的真实，抓好意识形态工作，完善思想文化体系，在中华文化的浸染中逆势而上，世代相传，创新发展，使中华文化从传统走向现代，从民族走向世界。

一是要立足传统，坚定传承中华优秀传统文化的思想自觉和行动自觉。

中华文明绵延几千年没有中断，中华民族在世界上有地位、有影响，靠的就是中华文化的强大感召力和吸引力。中华优秀传统文化是中华民族的文化根脉，能够增强中国人的骨气和底气。当代中国必须要从本民族文化中找寻自信，要加强中华文化理论研究工作，深入阐释中华文化的历史渊源、发展脉络、基本走向，讲清楚中华文化的独特创造、价值理念、鲜明特色，用中华民族创造的思想、理论、学术来以文化人、以文育人，繁荣文化事业和文化产业，加快建设社会主义文化强国。

二是要立足现实，正视当前存在的各种文化问题和挑战。

我们究竟以何种眼光来看待文化，以何种行为来对待文化，就是我们对文化的真实态度。坚定文化自信当前之所以成为我们的时代命题，是因为中华民族的文化经历过兴盛，也经历过衰败，既有文化自负的表现，也有文化自卑的历史时期。在现实社会生活中，由于文化自负与文化自卑现象时不时沉渣泛起，加之多元文化的巨大冲击及西方文化的强势输出，我们面临的文化挑战不容忽视。这并非一个单纯的认识问题,而是一个关乎"争夺阵地、争夺人心、争夺群众"的意识形态阵地的重要问题。历史与现实要结合,我们必须用发展的眼光看待、解决问题,客观地分析不同时期文化的内容、特征,辩证地看待文化在不同历史时期发挥的作用及可能的前途,跳出文化自负与文化自卑的窠臼,在更高的层次上审视它们,提升文化自觉,坚定文化自信,实现文化自强。

三是要立足未来,明确中华文化的发展走向。

习近平总书记多次强调,"中国有坚定的道路自信、理论自信、制度自信,其本质是建立在5 000多年文明传承基础上的文化自信",文化自信"是更基础、更广泛、更深厚的自信"。中华文化既是凝聚人心的理想信念,也是海内外中华儿女共同的精神基因。"问渠那得清如许,为有源头活水来。"想要中华文化有更长久的生命力,就要摆脱纯粹经院哲学的困扰,扎根实践,让文化在不断的实践中延续和发展;秉持文化使命感,更加积极地展现具有中国特色的文化形态和价值理念,努力构建中国特色、中国风格、中国气派的话语体系,增强国家文化软实力;不断丰富中华文化"走出去"的形式,创新对外话语表达方式和传播渠道,积极开展文明交流互鉴活动。

很多人印象中的苏州是一座文化底蕴深厚的历史文化名城,可以说,人们因文化而认识苏州,进而了解苏州、喜爱苏州。对于苏州而言,深厚的文化基因逐步铸造了苏州精雅细腻、包容求变等品质,文化的传承凝聚成苏州改革开放先行探索的催化剂和支撑力量。苏州作为江南文化的代表城市,文化早已成为其"金名片"，成为促进社会经济发展的"新引擎"。在新时期，苏州打造向世界展示社会主义现代化的"最美窗口"，建设社会主义现代化强市，尤其是建设社会主义现代化文化强市，更需要强大的文化自信托底、发力。

中共江苏省委党校（江苏行政学院）

副校（院）长、教授

胡玉年

上篇　文化自信的理论思考

第一章　文化及文化自信的内涵和本质 / 3

第一节　文化的定义、分类及本质 / 3

一、文化概念的界定 / 4

二、文化"二分法""三分法""四分法"辨析 / 6

三、人化和化人：文化的本质性把握 / 8

第二节　文化自信的内涵和本质 / 10

一、时代课题的提出——文化自信 / 10

二、文化自信的概念解析 / 12

三、文化自信是主体性、民族性和时代性的统一 / 16

第二章　文化自信的主要来源、坚实根基和当代价值 / 19

第一节　文化自信的主要来源 / 19

一、文化基因：中华优秀传统文化 / 20

二、文化动力：革命文化 / 23

三、文化方向：中国特色社会主义先进文化 / 25

第二节　文化自信的坚实根基 / 28

一、理论根基：马克思主义 / 28

二、实践根基：综合国力的增强 / 36

第三节 文化自信的当代价值 / 40
　一、坚定文化自信是实现中华民族伟大复兴的中国梦的精神动力 / 40
　二、坚定文化自信是应对意识形态领域激烈斗争、保证国家安全的必然要求 / 45
　三、坚定文化自信是筑牢"四个自信"的坚固基石 / 47
　四、坚定文化自信为解决当前社会主义主要矛盾指明实践方向 / 49

第三章 文化自信面临的机遇与挑战 / 57

第一节 全球化带来的机遇与挑战 / 57
　一、全球化带来的机遇 / 58
　二、全球化带来的挑战 / 60

第二节 网络化带来的机遇与挑战 / 63
　一、网络化带来的机遇 / 64
　二、网络化带来的挑战 / 67

第三节 坚定文化自信存在的问题 / 70
　一、五千年文明史导致的文化自负 / 70
　二、近代科学发展引发的文化自卑 / 73
　三、多元价值并存催生的文化伪自信 / 75

第四章 坚定文化自信的路径与举措 / 78

第一节 牢牢掌握意识形态工作领导权 / 78
　一、进一步加强和改进党对文化工作的领导 / 79
　二、科学地对待马克思主义 / 80

第二节 传承中华优秀传统文化 / 85
　一、坚定思想自觉：深入阐发文化精髓 / 86
　二、提高行动自觉：形成人人传承的社会氛围 / 89

第三节 培育社会主义现代化建设新人 / 93
　一、人的现代化是社会主义现代化建设的核心内容 / 93

二、进一步践行社会主义核心价值观 / 101

第四节 深化文化体制机制改革 / 105
 一、发展文化产业和文化事业 / 106
 二、改革公共文化服务体系 / 108
 三、健全现代文化市场体系 / 110

第五节 推动中华文化"走出去" / 112
 一、中华文化"走出去"的中国价值 / 112
 二、中华文化"走出去"的中国表达 / 116

下篇 坚定文化自信的苏州实践

第一章 坚定文化自信之于苏州发展的意义 / 121

第一节 文化自信对于城市的意义 / 121
 一、文化是城市的灵魂、发展的内生动力和有力支撑 / 121
 二、文化是城市的发展导向，决定着城市发展的高度和影响力 / 122

第二节 坚定文化自信之于苏州发展的意义 / 123
 一、文化自信铸就苏州自信 / 124
 二、文化自信引领苏州转型发展 / 127

第二章 苏州打造古韵今风现代化、国际化城市的文化基础 / 129

第一节 优秀传统吴文化是苏州文化自信的历史之源 / 129
 一、春秋战国至五代时期的文化交替 / 130
 二、隋唐宋元时期的文化积淀 / 131
 三、明清时期的文化鼎盛 / 132
 四、近代以来苏州文化的转型 / 133

第二节 具有苏州特色的红色文化是苏州文化自信的
　　　　力量之源 / 135
　　一、救亡图存的苏州先驱：五四运动前后的革命
　　　　探索 / 135
　　二、建党精神的苏州体现：中共苏州独立支部的
　　　　建立 / 137
　　三、抗战精神的苏州符号：军民鱼水情深"沙家浜
　　　　精神" / 139
　　四、改革开放精神的苏州彰显：苏州"三大法宝" / 140
第三节 繁荣的社会主义先进文化是苏州文化自信的
　　　　实践之源 / 154
　　一、现代公共文化服务体系"苏州模式"成为全国
　　　　标杆 / 154
　　二、统筹城乡文明一体化发展的"全国文明城市群"
　　　　创建 / 163

第三章　以高度文化自信打造古韵今风现代化、国际化城市的苏州实践 / 174

第一节 苏州坚定文化自信的做法与经验 / 174
　　一、坚定文化自信的苏州做法 / 175
　　二、坚定文化自信的苏州经验 / 185
第二节 建设社会主义现代化文化强市的发展展望 / 192
　　一、加强顶层设计，制定文化现代化指标体系 / 193
　　二、传承传统文化，打响"江南文化"品牌 / 193
　　三、坚持以人为本，培育文化现代化建设新人 / 202
　　四、整合资源优势，做大做强文化事业和文化产业 / 204
　　五、立足本土文化，深化特色文化的交流和传播 / 206

后记 / 209

上篇

文化自信的理论思考

第一章

文化及文化自信的内涵和本质

党的十九大报告强调,"没有高度的文化自信,没有文化的繁荣兴盛,就没有中华民族伟大复兴"。中国共产党十九届五中全会通过的《中共中央关于制定国民经济和社会发展第十四个五年规划和二〇三五年远景目标的建议》明确提出到2035年建成文化强国的远景目标,并强调在"十四五"时期推进社会主义文化强国建设。这是以习近平同志为核心的党中央基于历史和现实、着眼全局和长远做出的战略决策,标志着我国文化建设在"两个一百年"奋斗目标持续推进中进入了一个新的历史阶段。就像中国特色社会主义现代化是中国社会文化的现代转型,中华民族的伟大复兴就是中华文化的伟大复兴和社会主义文化的繁荣兴盛。因此,从理论上深刻思考文化自信是非常必要的,且有重大而深远的意义。

第一节 文化的定义、分类及本质

文化是人类社会特有的现象。建筑、饮食、艺术、文学等都是文化的一部分,它们深深影响了人类的生活。文化与我们的日常工作、生活、学习息息相关,是我们经常见到和使用的词汇:学校中有"校园文化",企业中有"企业文化",消费领域有"消费文化"，社交领域有"社交文化"，还有"精英文化""旅游文化""考古文化""宗教文化""休闲文化"等。我们无时无刻不在感受和使用文化，也无时无刻不在创造着文化。

 一、文化概念的界定

文化作为一种复杂的社会现象，是一个宽泛的概念。不同的学者、不同的流派对文化有着不同的界定，可谓仁者见仁、智者见智。文化的概念很宽泛，人们很难用一句话对其内涵做出统一而明确的概括。当我们把文化作为一个理论问题来研究的时候，如何界定文化概念是我们认识和理解文化必须回答的一个问题。我们首先要弄清楚文化的概念、特质，才能谈如何实现文化自信。

在西方，"文化"一词来源于拉丁文"cultura"和"colere"，通常在农业生产中使用，本义指耕种、栽培、劳作或者掘种土地。1690 年，安托万·菲雷蒂埃在《通用词典》中将文化定义为"人类为使土地肥沃，种植树木和栽培植物所采取的耕耘和改良措施"。在这里，文化用来表示人类的某种活动形式。到了 18 世纪，文化的内涵拓展到科学领域，涵盖了科学、艺术、文学等，被认为是一种"心智修炼"。到了 19 世纪，"文化"一词才逐渐成为一个专属术语，其内涵也有了现代意义上的改变，指通过文化行为使人不断完善的过程，并逐渐引申出培养、教育、发展的内涵，以及对人的行为品格的培养和影响。1871 年，英国人类学家爱德华·泰勒在其《原始文化》一书中指出，文化或者文明是一个复合的整体，其中包括知识、信仰、艺术、道德、法律、风格及作为社会成员而获得的任何其他的能力和习惯。美国人类学者鲁思·本尼迪克特认为，文化是通过某个民族的活动而表现出来的一种思维和行动方式。1952年，美国学者克鲁伯和克拉克洪在《文化——关于概念和定义的检讨》一书中归纳和罗列了1871年到1951年间学界关于"文化"的164种界定，但尚未穷尽对文化概念的界定和论述。

在我国，"文化"一词最早见于《周易·贲卦·象传》："刚柔交错，天文也。文明以止，人文也。观乎天文，以察时变。观乎人文，以化成天下。"在这里，"文化"最初的含义是"人文""化成天下"，强调文化对人类认识、改造世界的影响。《小戴礼记·乐记》中也讲到"情深而文明"，而这最初是形容男女感情、婚姻制度和夫妻关系的。在古人那里，文化概念超出了政治、经济、军事、外交、宗教、艺术、哲学的范畴，涵盖了一切人类大群体生活。马克思、恩格斯、列宁等马克思主义经典作家强调：文化是一定社会经济、政治等条件的产物，同时也反作用于经济、政治；文化具有鲜明的民族性和意识形态性质。在马克思主义中国化的过程中，文化理论得到不断的补充、完善和发展。梁漱溟认为，文化囊括了民族生活的各个方面，既包含精神层面的宗教、哲学、科学、艺术，也包含社会生活方面的社会组织、伦理习惯、政治制度和经济关系，还包含物质生活方面的饮食、起居等。[①] 费孝通认为，文化决定了人群文化的性质，是人群的生活方式，而不同的生活环境会形成不同的生活方式。王蒙认为，从广义上讲，文化就是人化，是人类的创造、经验、成果积累的总和，而非自然原生态。[②] 习近平总书记关于坚定文化自信的系列论述与马克思主义经典作家的文化论述一脉相承。前者在后者的基础上又开拓创新，在"五位一

---

① 梁漱溟. 东西文化及其哲学[M]. 北京：商务印书馆，2010：20.
② 王蒙. 王蒙谈文化自信[M]. 北京：人民出版社，2017：5.

体"的总布局中,更加突出文化对于政治、经济、社会、生态的能动作用。

不同的学科对文化也有着不同的理解。比如,人类学家认为,文化是某一个社会区别于其他社会的思想、行为上的显现;社会学家更多地从行为模式的角度看待文化;哲学家认为,文化是自然的人化和人的本质力量对象化。不同的学者在不同的层面对文化进行具体的规定,都丰富着文化的内涵和外延。虽然对文化的表述不尽相同,但其中的释义基本相通:文化的核心问题是人;文化是人类智慧的体现,是人类创造的;文化是"人化",是人类创造的物质财富和精神财富的总和。随着人类生产活动的不断进步,物质生产部门之外出现了专门从事精神文化活动的部门和人员,文化的概念也愈来愈指向这些专门的精神文化活动和现象,而这就是狭义上的文化。因此,文化是人类在社会历史实践中的一切创造性活动,它既是客体性存在,又是主体性存在。人类社会中既没有离开人的主体实践的客体文化,也没有离开具体存在的虚构的主体文化。

二、文化"二分法""三分法""四分法"辨析

文化因其内在功能和固有性质的特殊性而具有多种分类方法。目前学术界比较流行的文化分类法有"二分法""三分法""四分法"。

文化"二分法"从文化基本范畴的角度将文化分为物质文化和精神文化、实体文化和观念文化、行为文化和思想文化或者外显文化和内隐文化等。通常文化"二分法"中比较常见的是将文化分为物质文化和精神文化。广义上的文化是人类在社会历史发展过程中

所创造的物质财富和精神财富的总和，包括历史、地理、风土人情、传统习俗、生活方式、文学艺术、行为规范、思维方式、价值观念等多重内容。狭义上的文化，也就是严格意义上的文化，是指精神生产行为和精神现象，比如，语言、文学、艺术及一切意识形态等精神现象。① 狭义上的文化主要侧重精神财富。我们通常讲的文化指的就是狭义上的文化。从文化理论和文化建设的角度来讲，狭义上的文化有更广泛的使用趋势，但这并不意味着要取"狭"弃"广"。不论是广义上的文化还是狭义上的文化，都不违背文化的固有内涵。那种对文化进行阉割式定义的做法是不可取的。

文化"三分法"通常根据文化的存在形态和层次将文化分为器物文化、制度文化和观念文化，物质文化、精神文化和符号文化，或者物质文化、观念文化和政治文化等。比如，有学者根据文化递进发展过程，将文化分为器物文化、制度文化和观念文化。② 器物文化是文化体系中最直观的体现，是人类在处理人与自然的关系时创造的物质生产文化，包括物质生产过程及物质性的实体成果。制度文化是人类在处理人与社会的关系时创造的，既包括制度、规章、法律、条例、体制、机制等制度层面的内容，也包含风俗、习惯、礼仪、禁忌在内的行为层面的内容。观念文化是人类在处理人与自我的关系时创造的，主要反映人的思维方式、价值取向、伦理道德、审美情操等社会心理文化，以及政治理论、法律观点、哲学、宗教、艺术等意识形态文化。文化"三分法"相对科学，但从严格意义上讲并不周全，比如，体育和卫生就未被囊括进去。

文化"四分法"根据文化的功能属性，将文化分为器物文化、

---

① 朱宗友. 中国文化自信解读 [M]. 北京: 经济科学出版社, 2017: 2.
② 张宝元, 王锟. 文化的本质及其分类 [J]. 中学政治教学参考, 2017 (24): 1, 4.

制度文化、信息文化和人本文化。器物文化是体现在人类物质生产和产品上的文化。制度文化是体现在制度层面的文化。信息文化是人类自觉通过文化符号接收和传播信息的文化。人本文化指一种客观文化形态,是"人类直接维护增强或显现把握自身生命、生命本质或本质力量的文化现象"①。"文化四分法"从理论上对文化进行抽象分类。在现实生活中,几种文化会出现同时存在或重合的现象。

根据研究需要和认知需要对文化进行一定的分类有助于人们更加深入地把握文化的内涵,是可行和必要的。但是如果因此而机械地认为文化在不同领域有不同的界定,不同领域的文化是割裂的、毫无联系的话,那就大错特错了。

三、人化和化人:文化的本质性把握

钱穆在《中华文化十二讲》的序中谈道:"讲述文化,必从两方面入手。一则文化千头万绪,必从其各方面各部门分别探究,而认识其相互汇通,以合成一大体系。二则文化非一成不变,必从其历史演进中分别探究其随时因革损益,以见其全体系之进向与其利弊得失、长短轻重之所在。"② 而不论从何种角度切入,都避不开文化的本质问题。文化的本质究竟是什么,一直是一个斯芬克斯之谜。

不同国家、不同种族产生不同的文化。文化具有地域性,但文

---

① 杨曾宪. 试论文化的本质及分类:兼向黄楠森先生请教[J]. 理论学刊,1999(3):94-98.

② 钱穆. 中华文化十二讲[M]. 贵阳:贵州人民出版社,2020:1.

化不能简单地用地域来硬性分隔。不同的文化,其发源地不同,产生的历史背景不同,内涵也不相同,但其中有不少有益成分适用于他处,具有普适性。通过对比研究,我们发现,不论中西方对文化概念的界定有何差异,两者都突出文化的"人为"特征。文化的本质是"人化",是"自然的人化"和"人的本质力量对象化"。文化在本质上是实践的。文化作为人的对象性活动,其合理性的内容表达必然是对人的本质及人的主体能力的证明。

文化现象的基础是人类的社会实践活动。文化不是自发产生的,是人们在社会生活实践中产生的。文化就是植根于人的内在生命的人类群体相对稳定的行为方式。人类的历史就是生产实践的历史。人的社会实践活动及其内在的意识活动所孕育和形成的价值观念、道德规范、心理素质、思维方式、审美情绪等反映了人的内在精神,内化在人的思想和行为中。这种文化精神是文化的灵魂。

文化的主体是人。人是文化的创造者。人类在实践活动中创造着文化,可以说,文化的发展规律在一定程度上就是人的实践活动的发展规律。人类创造了文化。从过去到现在,文化不断地被创造、继承、批判和发展,同时文化又不断地影响着人类文明。倘若离开了主体的人,文化便没有了生命力。人们在自觉或不自觉的活动中使客体具有了文化的属性,同时,人们也在这个实践的过程中提升了自身的文化素质。

文化的价值在于它的有效性和延续性。人类的文化是递进变迁的,盛而复衰,衰而复盛。人创造了文化,文化反过来塑造了人。文化能够吸引、凝聚人,被长期广泛接受,并为接受此种文化的群体与个体提供更好的生活质量,提供更好的人与社会关系,提供人类和平与进步的前景,提供发展的成果与动力;同时又能提供逢凶化吉、遇难成祥的应变、纠错与自我更新能力。① 文化影响和造就了与每个人息息相关的生存环境。人类有组织的类本质活动在某种意义上都是从人的日常生活中分化出来的。不论文化活动在最初是单纯的偶然性的实践活动，还是带有特定目的的实践活动，文化从总体上来讲都是不断发展变化的。文化经过一定的时间会积淀为传统。人类就在这种传统中被浸染，并在这种传统中继续创造着新的文化。新旧交替的文化在历史的积淀中逐渐形成约定俗成的文化体系，构成了一般社会活动和精神生产的前提与基础，文化也在历史的实践中有了有效性和延续性。

第二节 文化自信的内涵和本质

十九大报告强调，没有高度的文化自信，没有文化的繁荣兴盛，就没有中华民族伟大复兴。自信是一种积极的、源自内心深处的强大力量，表现为前行路上的坚定、乐观的精神状态，是主体在自我评价上的积极态度。文化自信既是一个理论问题，也是一个实践问题。

一、时代课题的提出——文化自信

文化自信的提出并非偶然。

从中央层面看，自信是首先用在文化方面的。2011 年，中国共产党十七届六中全会通过的《中共中央关于深化文化体制改革　推动社会主义文化大发展大繁荣若干重大问题的决定》中强调，要培养高度的文化自觉和文化自信。中共十八大以来，习近平总书记高

---

① 王蒙. 王蒙谈文化自信 [M]. 北京：人民出版社，2017：6.

度重视文化自信，提出了新的时代课题。2014年2月，习近平总书记指出，要"讲清楚中华文化的独特创造、价值理念、鲜明特色，增强文化自信和价值观自信"。同年3月，习近平总书记提出："我们要坚定理论自信、道路自信、制度自信，最根本的还要加一个文化自信。"同年12月，习近平总书记和澳门大学学生座谈时指出，"建立制度自信、理论自信、道路自信，还有文化自信。文化自信是基础"。之后，习近平总书记在不同场合多次提到"文化自信"。2016年，"文化自信"这一概念第一次出现在党的纲领性文献中。在庆祝中国共产党成立95周年大会上的讲话中，习近平总书记鲜明指出："在5 000多年文明发展中孕育的中华优秀传统文化，在党和人民伟大斗争中孕育的革命文化和社会主义先进文化，积淀着中华民族最深层的精神追求，代表着中华民族独特的精神标识。"同时，他从中国特色社会主义层面再次强调"文化自信"，将之与道路自信、理论自信、制度自信并称为"四个自信"，并指出，"文化自信，是更基础、更广泛、更深厚的自信"。这不仅丰富和发展了中国特色社会主义内涵，而且为我们实现中华民族伟大复兴提供了更基本、更深沉、更持久的精神力量。2017年，中共十九大将"文化自信"写进党章。同时，十九大报告指出中国特色社会主义进入了新时代。这是习近平新时代文化思想的时代背景，也是我们思考文化自信的历史方位。习近平新时代文化思想是习近平新时代中国特色社会主义思想的重要组成部分，是在文化上对新时代坚持和发展什么样的中国特色社会主义、怎样坚持和发展中国特色社会主义做出的理论回答，是马克思主义文化理论的最新发展，具有鲜明的时代意义。总体来讲，文化自信的提出，丰富了中国特色社会主义理论体系的内涵，具有重要的理论意义和现实意义。

二、文化自信的概念解析

究竟什么是"文化自信",学术界的研究颇多。云杉认为,文化自信"是一个国家、一个民族、一个政党对自身文化价值的充分肯定,对自身文化生命力的坚定信念"①。陈先达认为,文化自信是"对中华文化的历史起源、发展、精神特质和精髓的总体性判断,是秉持对中华文化的科学、礼敬、继承、创造性推进的基本立场和态度"②。刘林涛将文化自信定义为"文化主体对身处其中的作为客体的文化,通过对象性的文化认知、批判、反思、比较及认同等系列过程,形成对自身文化价值和文化生命力的确信和肯定的稳定性心理特征"③。李江波、姚亚平、黎滢认为,"文化自信是基于理性认识的精神成熟的表现,是一个国家和民族对自身文化价值的一种积极肯定,并由此产生出对自身文化发展进程和生命力的自豪感和满足感"④。刘芳认为,文化自信是指"一个国家、一个民族、一个政党对自己的理想、信念、学说以及优秀文化传统有一种发自内心的尊敬、信任和珍惜,对当代核心价值体系的威望与魅力有一种充满依赖感的尊奉、坚守和虔诚"⑤。许家烨指出,文化自信"是一种积极的情感体验、自觉的心理认同和正确的文化心态"⑥。一

---

① 云杉. 文化自觉 文化自信 文化自强:对繁荣发展中国特色社会主义文化的思考(中)[J]. 红旗文稿, 2010 (16): 4.
② 陈先达. 文化自信的本质与当代意义[J]. 青年与社会, 2018 (2): 7.
③ 刘林涛. 文化自信的概念、本质特征及其当代价值[J]. 思想教育研究, 2016 (4): 21.
④ 李江波, 姚亚平, 黎滢. 文化自信:理论维度与实践维度[J]. 江西社会科学, 2016 (9): 217-218.
⑤ 刘芳. 对文化自觉和文化自信的战略考量[J]. 思想理论教育, 2012 (1): 9.
⑥ 许家烨. 文化自信与弘扬社会主义核心价值观[J]. 中共南昌市委党校学报, 2017 (2): 11.

些学者认为，文化自信有多重内涵，是对中国优秀传统文化、革命文化、社会主义先进文化的自信，是由文化主体、文化客体与文化精神等方面的有机统一而形成的文化生命力的自信，包含了自信之根、自信之魂、自信之力、自信之源、自信之本五个方面。王静认为，文化自信有四重根基：中国传统文化深厚的积淀和特质是历史根基，国家的强盛是国力根基，社会主义先进文化是理论根基，党的领导是领导根基。从总体上说，大部分学者认同文化自信是一种心理特征和精神状态。文化自信是面对本民族自我价值、自我能力和自我发展前景的淡定心态，是民众对国家主流文化的充分肯定、积极认同的倾心归依。

学者们对文化自信概念的界定都有其合理性。总体来讲，文化自信是一个民族在文化问题上所具有的一种积极精神状态，是一个民族对自身文化价值的充分肯定、对自身文化生命力的坚定信念。今天我们从中国特色社会主义层面谈文化自信，是对中国源远流长的中华优秀传统文化的自信，也是对生生不息的红色文化的自信，更是对中国特色社会主义文化先进性的自信。说到底，新时期的文化自信是对整体中华文化的自信。坚定文化自信，应该从三重维度——文化自信的主体、客体和中介观察，更为具体、更为深入地研究文化自信的构成要素。

（1）文化自信的主体是中国共产党和人民群众。传统节日、标志性建筑、典籍、影视、动漫、诗、词、曲、赋、国画、书法、对联、民族服饰及生活习俗等都是文化的载体。坚定文化自信，就要透过表象看本质，透过载体看到文化所承载的精神力量。文化的主体是人，文化自信的主体也是人。文化自信就是要使主体形成对自身文化价值、文化生命力的确信和肯定的稳定性心理特征。我们现在讲文化自信，那么谁是主体，谁来坚定文化自信？是人民群众还是中国共产党？要坚定文化自信，回答这一问题是十分必要的。中国共产党是中国工人阶级的先锋队，同时也是中国人民和中华民族的先锋队。中国共产党从诞生之日起，就牢记为人民谋幸福、为民族谋复兴的初心和使命。一代又一代共产党人前赴后继，带领和团结人民，"完成新民主主义革命，建立了中华人民共和国"，"完成社会主义革命，确立社会主义基本制度"，"进行改革开放新的伟大革命"，实现了"中国从几千年封建专制政治向人民民主的伟大飞跃""中华民族由近代不断衰落到根本扭转命运、持续走向繁荣富强的伟大飞跃""中国人民从站起来、富起来到强起来的历史性飞跃"。在革命、建设和改革开放的进程中，中国共产党传承了中华优秀传统文化，彰显了中华民族自强不息、不屈不挠的民族精神和品格。没有中国共产党的领导，就没有中国的文化自信。民者，万世之本也。人民群众是历史的创造者，是推动社会进步的根本动力。人民群众的实践为文化自信提供了取之不尽、用之不竭的思路和方法，是文化创新的源泉。"人民群众的根本利益、意志、愿望体现了社会发展的要求和方向。"① 人民群众对文化的认同和肯定程度，在很大程度上决定了文化自信的程度。因此，文化自信的实现，既离不开中国共产党这一继承者、倡导者和宣传者，也离不开人民群众这一吸收者、运用者和检验者。在进一步提升文化自信的过程中，中国共产党和人民群众需要同向发力。少了任何一方，文化自信体系都无法构建，文化自信也无法真正实现。

（2）文化自信的客体是文化。文化是主体认识和实践活动所指

---

① 韩燕.析新时期重申人民群众历史主体地位的重要意义[J].求实，2011（2）：161.

向的对象。不同的国家和民族有不同的文化。不同国家和民族的思想文化只有姹紫嫣红之别，而无高低优劣之分；不同国家和民族的思想文化都有其合理性，应该得到承认和尊重。但这种姹紫嫣红的别国、别民族的文化并不是我们的文化自信所要坚守的，我们强调的文化自信所要坚守的是本国家、本民族的文化，是具有中华民族精神标识的文化。正如习近平总书记强调的那样，不珍惜自己的思想文化，国家和民族就无法强大起来；丢掉了思想文化，就是丢掉了国家和民族的灵魂。因此，坚定文化自信，坚持走中国特色社会主义文化发展道路，就是要坚定中华优秀传统文化、革命文化和社会主义先进文化三重自信。中华优秀传统文化有着五千多年的历史，对民族性格、思维方式的形成有着重大影响。中华优秀传统文化的力量仍在直接或间接地影响着现代社会的人们。革命文化是中国共产党和人民群众为实现民族独立、人民解放、国家统一，在长期的革命斗争实践中形成的文化，时刻提醒着中国共产党和人民群众要不忘初心，牢记使命，继续前进。社会主义先进文化是指在社会主义建设和改革过程中创造的民族的、科学的、大众的文化集合，引导人民群众在理想信念、价值观念、道德观念上团结一致。十九大报告指出，"中国特色社会主义文化是激励全党全国各族人民奋勇前进的强大精神力量"。因此，坚定文化自信，说到底就是坚定对中国特色社会主义文化的自信。

（3）文化自信的中介是实践。人的思维是否具有客观的真理性，这不是一个理论问题，而是一个实践问题。人应该在实践中证明自己思维的真理性，即自己思维的现实性和力量，自己思维的此岸性。[1]

---

[1] 马克思，恩格斯. 马克思恩格斯选集：第一卷［M］. 2版. 中共中央马克思恩格斯列宁斯大林著作编译局，编. 北京：人民出版社，1995：58-59.

理论由实践赋予活力,由实践来修正,由实践来检验。① 实践是主体对对象性的文化进行一系列认知、反思、批判、比较及认同的过程。随着人民生活质量的不断提高,我国社会主要矛盾已经转化为人民日益增长的美好生活需要和不平衡不充分的发展之间的矛盾。我们要不断丰富文化的内涵并保证文化内容的扩容和嬗变性,同时对文化的认知、反思和认同的方式也要根据实际情况不断进行调整。中国共产党和人民群众想要实现文化自信,就必须对中华优秀传统文化、革命文化和社会主义先进文化三者有清醒自觉的认识且将之融会贯通在社会主义现代化建设全过程,不断推动中华优秀传统文化的创造性转化、创新性发展,继承和弘扬革命文化,发展社会主义先进文化。2020年,我国全面建成小康社会全面收官。在这个背景下,新形势、新任务面临新要求。在新时期,我们强调的文化自信更为侧重文化的更新转换,侧重中华文化同世界的接轨能力。

三、文化自信是主体性、民族性和时代性的统一

"四个自信"是习近平新时代中国特色社会主义思想的重要组成部分。在"四个自信"中,文化自信发挥着更基础、更广泛、更深厚的作用,对道路自信、理论自信、制度自信具有文化和精神支撑作用。文化自信具有主体性、民族性、时代性等特征。

(1) 文化自信的主体性特征。作为社会实践活动主体的人,在改造客观世界的过程中也在不断地改造着主观世界。文化自信的主

---

① 列宁. 列宁选集:第三卷 [M]. 3版. 中共中央马克思恩格斯列宁斯大林著作编译局,编. 北京:人民出版社,1995:381.

体是人，文化自信的本质也是围绕人的发展而展开的，其实质是人的一种精神自信。坚定文化自信，就是坚定文化主体的实践，具体来讲，就是要挖掘、传承其中蕴含的哲学智慧、政治智慧以及丰富的历史经验和治国理政理念，将文化的因素融入人民群众和党政队伍的日常生活中，让人民群众在生产、生活的过程中能够认识到本民族文化的现实意义。这种精神自信可以凝聚人心，影响人们的价值认同、思想方法和生活方式，使人对本民族文化充满信心，并激励民族、社会和国家不断前进。

（2）文化自信的民族性特征。文化自信是在对中华优秀传统文化进行创造性发展和创新性转化的基础上生长出来的，呈现出鲜明的民族特色。从主体上看，不论是国家、民族、政党、社会组织还是个人，都生活在自己的民族文化中，并在生产、生活实践中传承着民族文化。人民群众在日常生活中的很多行为方式、风俗习惯都是传统文化的延续，凝聚着中国古代人民的思想精华。从文化内容上看，不论是中华优秀传统文化、革命文化还是社会主义先进文化，都与中华民族的命运息息相关，紧密联系在一起，其中的民族性不辩自明。正因为如此，具有民族标识的文化传承具有本土文化优势，容易感召人民群众，引起人民群众的共鸣。

（3）文化自信的时代性特征。从历史发展的角度来讲，文化在每个特定时代都有其特点。从井冈山精神、长征精神、延安精神、西柏坡精神，到雷锋精神、大庆精神、"两弹一星"精神，再到航天精神、北京奥运精神、抗震救灾精神、抗疫精神等，为了顺应时代发展的潮流，文化主体会强调文化的引领作用，不断调整精神层面的构筑。文化自信问题的研究具有时代性。不同历史时期的文化，总带有明显的时代印记。改革开放40多年来，我国在政治、经济、社会等方面发生了翻天覆地的变化，文化自信在内涵、层次、水平等方面也都达到了新的高度。当前的文化自信是以社会主义革命和建设、改革的巨大成就为主要支撑的，而其现实性是由中国特色社会主义理论和实践决定的。中共十九大以来，伴随着人民群众物质生活水平的不断提高，精神享受成为人们对未来美好生活的重要追求。由此，增强文化自信、丰富精神食粮成为新时代的崭新课题。在国际层面，充分研究中国故事国际表达的有效方式，要更加注重国家形象塑造及意识形态的话语权。同时，新时期的文化自信要反对民族自卑和文化自卑，反对"西方文化中心论"，立足当代中国现实，结合当今时代条件，注入时代内涵。

第二章

文化自信的主要来源、坚实根基和当代价值

中华优秀传统文化、革命文化及社会主义先进文化是中国特色社会主义文化的主要来源,也是我们中华民族文化自信的主要力量来源。坚定中华民族的文化自信,就不能离开中国的历史去谈文化,也不能离开中国的具体国情去谈文化。马克思主义是我们坚定文化自信的理论根基,不断增强的综合国力为文化自信的坚定提供了坚实的实践基础。新时期坚定文化自信意义重大,不仅是实现中华民族伟大复兴梦的精神动力,是应对意识形态领域激烈斗争、保证国家安全的必然要求,是筑牢"四个自信"的坚强基石,同时也为解决当前社会主义主要矛盾指明了实践方向。

第一节 文化自信的主要来源

历史是文化之根,是文化产生的土壤和活动舞台。中华民族5 000多年文明所孕育出来的中华文化积淀着中华民族独特的精神标识,是中华民族最深厚的精神追求与动力。坚定中华民族的文化自信,就不能离开中国的历史去谈文化,也不能离开中国的具体国情去谈文化。文化自信的坚定,一定要建立在社会存在的基础上,任何超历史、超空间的文化自信都是不牢固的。十九大报告中指

出:"中国特色社会主义文化,源自于中华民族五千多年文明历史所孕育的中华优秀传统文化,熔铸于党领导人民在革命、建设、改革中创造的革命文化和社会主义先进文化,植根于中国特色社会主义伟大实践。"中华优秀传统文化、革命文化及社会主义先进文化是中国特色社会主义文化的主要来源,也是我们中华民族文化自信的主要力量来源。坚定文化自信,具体来讲,就是要秉持中华优秀传统文化蕴含的文化基因,加快对传统文化的创造性转化、创新性发展;要坚持革命文化所激发的文化动力,一以贯之坚守不忘初心的精神;要坚持社会主义先进文化指明的科学文化方向,对中国特色社会主义理论体系不断进行丰富、发展和完善。

一、文化基因:中华优秀传统文化

中华优秀传统文化是在中华民族长期发展过程中形成的,以中华民族为创造主体,具有鲜明的民族特色和地域特色,对中华民族发展有重要影响并世代传承的思想文化体系。中华优秀传统文化是我们民族的"根"和"魂",是中华各族人民的精神纽带,是中国特色社会主义文化的历史根源,对中华民族有重要的作用。优秀传统文化一定是有深度、有内涵、有价值的思想内容,经得起时间和实践的检验。我国的优秀传统文化博大精深、包罗万象,对中华民族的民族性格、民族心理、民族精神的形成和发展,对广大人民群众的生产生活方式及价值取向都有着重要影响。老子、孔子、墨子、孟子、庄子等中国诸子百家的学说广泛深入地探讨了人与人、人与社会、人与自然、人与自身的关系,讲仁爱、重民本、守诚信、崇正义、尚和合、求大同等思想,包含了人类共同遵循的一些普遍性价值，包含了许多人类文明的生存智慧，至今仍然具有世界性的文化意义，十分具有时代价值。我们必须坚持中华优秀传统文化蕴含的文化基因。

（1）"天人合一""以和为贵"的和合文化。在我国，不论儒家、墨家还是佛教禅宗等都十分重视人与自然、人与人之间关系的和谐。① 在人与自然的关系上，将人与自然看作一个统一的整体，强调人与自然的和谐共生。如《周易》中所说的"夫大人者，与天地合其德，与日月合其明，与四时合其序，与鬼神合其吉凶，先天而天弗违，后天而奉天时"，《道德经》里指出的"人法地，地法天，天法道，道法自然"，都是对"天人合一"境界的具体描述。② 在人与人的关系上，强调以和为贵，和而不同。如孔子所说的"君子和而不同，小人同而不和""礼之用，和为贵"，就是强调要处理好个人与个人、个人与集体、个人与社会和国家的关系。

（2）"精忠报国""匹夫有责"的爱国情怀。爱国主义精神是在中华民族长期的发展进程中形成的特有的精神品格。先人们忧国爱民的情怀是激励我国各族人民自强不息、奋勇向前的强大力量。楚国诗人屈原的"路漫漫其修远兮，吾将上下而求索"表达了百折不挠、矢志不渝的政治情怀；北宋诗人范仲淹的"先天下之忧而忧，后天下之乐而乐"抒发了把国家、民族的利益摆在首位的远大抱负；南宋将领岳飞的"壮志饥餐胡虏肉，笑谈渴饮匈奴血。待从头，收拾旧山河，朝天阙"彰显了在民族大义面前不顾个人安危、精忠报国的民族气节。"小来思报国，不是爱封侯""我自横刀向天笑，去留肝胆两昆仑""人生自古谁无死？留取丹心照汗青"等脍炙人口的诗句中也流露出报国之诚。这些诗句都彰显了中华儿女崇高的爱国主义情操。

（3）"唯法所在""尚法而不尚贤"的法治氛围。在战国末期，荀子就提出礼治、法治和人治相结合的治国思想。《荀子·性恶》中写道："……起礼义，制法度，以矫饰人之情性而正之，以扰化人之情性而导之也，始皆出于治，合于道者也。"只是荀子的法治思想阶级性过于明显："由士以上则必以礼乐节之，众庶百姓则必以法数制之。"（《荀子·富国》）慎到认为，治国之道"唯法所在"，"事断于法，是国之大道也"（《慎子》）。法家的集大成者韩非子则提出"尚法而不尚贤"。可见，中国传统文化中有很多崇尚法治的思想家，他们不乏有价值的法治思想。

（3）"天下为公""大同"的社会理想。孔子在《礼记》中提道："大道之行也，天下为公，选贤与能，讲信修睦。故人不独亲其亲，不独子其子；使老有所终，壮有所用，幼有所长，矜寡、孤独、废疾者皆有所养；男有分，女有归。……是故谋闭而不兴，盗窃乱贼而不作。故外户而不闭，是谓大同。""大同"思想是人们对未来社会的一种憧憬，希望建立一个人人友爱、安居乐业、没有战争的美好世界。而关于"小康"，《诗经》中就曾出现"民亦劳止，汔可小康"。儒家对"小康"的描述则是这样的："今大道既隐，天下为家，各亲其亲，各子其子，货力为己……礼义以为纪，以正君臣，以笃父子，以睦兄弟，以和夫妇，以设制度，以立田里，以贤勇知，以功为己。……是谓小康。""小康"也体现了人们对富裕安定生活的向往。由此可见，中国古代人民充满了对社会安定、生活美好的梦想与期许。

此外，中华优秀传统文化中还有很多丰富的思想理念，比如，求同存异、和而不同的处事方式，文以载道、以文化人的教化思想,天下兴亡、匹夫有责的担当精神,崇德向善、见贤思齐的社会风尚,等等;又有针对国家的为政之道,诸如民惟邦本、政得其民、礼法合治、德主刑辅等。

上述思想和精神培育了中国人民崇高的精神追求,演化成中国人民独特的民族精神,支撑着中华民族生生不息、薪火相传。这些思想和精神不仅为中华民族生生不息、发展壮大提供了强大动力,也为世界文明增添了亮色;不仅在过去创造了辉煌,在今天也仍然闪耀着时代的光芒,依然是我们推进改革开放和社会主义现代化建设的强大精神力量。当前传承发展优秀传统文化是我们进行社会主义现代化建设的题中之义,因为抛弃传统、丢掉根本,就等于割断了自己的精神命脉。我们今天所讲的实现中华民族伟大复兴的中国梦,要在优秀文化传统的滋养和指引下一步步进行。传承中华优秀传统文化就是要从民族性的角度复兴中华优秀传统文化,用民族形式的文化更好地阐释马克思主义,从根源上增加中国人的骨气和底气。

二、文化动力:革命文化

有人说革命文化就是中国共产党领导人民群众反帝反封建的文化;有人说革命文化是五四运动之后形成和发展起来的文化,而新民主主义文化是其主流;有人说革命文化起源于五四运动和中国共产党成立,形成于新民主主义革命时期,丰富发展于社会主义革命与建设及改革开放时期。通常我们认为,革命文化是中国共产党和中国人民为实现民族独立、人民解放、国家统一、社会稳定,在长期的革命斗争实践中形成的文化,它以马克思主义为指导,以革命为精神内核和价值取向,凝聚了中国共产党人和人民群众的独特品格和精神风貌。

鸦片战争以后，中国逐渐沦为半殖民地半封建社会。从太平天国运动到辛亥革命，为了反对帝国主义和封建统治，为了实现民族复兴和国家独立，中国人民进行了不屈不挠的斗争，但遗憾的是，最终都以失败告终。历史证明，在中国，农民阶级和民族资产阶级由于历史局限性和自身的局限性，无法领导中国人民实现民族独立。随着工业的发展，中国无产阶级的产生和发展壮大为中国共产党的成立奠定了阶级基础。1917年俄国十月革命的胜利为中国送来了马克思主义，为中国共产党的成立奠定了思想基础。1919年五四运动爆发，工人阶级开始以独立的姿态登上政治舞台。五四运动以广泛的群众性向封建统治势力宣战。在这个过程中，马克思主义从形形色色的流派和学说中凸显出来，成为指导中国革命、指引中国发展方向的理论武器。有了先进的理论，有了扎实的阶级基础，1921年，中国共产党应运而生。中国共产党团结、带领人民创造和积累了一系列精神——红船精神、井冈山精神、苏区精神、长征精神、延安精神、沂蒙精神、红岩精神、西柏坡精神。这些精神蕴含着初心和使命，彰显了党的性质、宗旨，反映了民族精神，体现了时代要求，是中国革命胜利的文化支撑和精神标识。

链接：革命时期中国共产党的精神谱系

红船精神：开天辟地、敢为人先的首创精神，坚定理想、百折不挠的奋斗精神，立党为公、忠诚为民的奉献精神。

井冈山精神：坚定执着追理想、实事求是闯新路、艰苦奋斗攻难关、依靠群众求胜利。

苏区精神：坚定信念、求真务实、一心为民、清正廉洁、艰苦奋斗、争创一流、无私奉献。

长征精神：把全国人民和中华民族的根本利益看得高于一切，坚定革命的理想和信念，坚信正义事业必然胜利的精神；为了救国救民，不怕任何艰难险阻，不惜付出一切牺牲的精神；坚持独立自主、实事求是，一切从实际出发的精神；顾全大局、严守纪律、紧密团结的精神；紧紧依靠人民群众，同人民群众生死相依、患难与共、艰苦奋斗的精神。

延安精神：实事求是、理论联系实际的精神，全心全意为人民服务的精神和自力更生、艰苦奋斗的精神。

沂蒙精神：吃苦耐劳、勇往直前、永不服输、敢于胜利、爱党爱军、开拓奋进、艰苦创业、无私奉献。

红岩精神：崇高思想境界、坚定理想信念、巨大人格力量、浩然革命正气。

西柏坡精神：务必使同志们继续地保持谦虚、谨慎、不骄、不躁的作风，务必使同志们继续地保持艰苦奋斗的作风。

三、文化方向：社会主义先进文化

中国特色社会主义先进文化，是指以马克思主义为指导，在社会主义建设和改革过程中创造的面向现代化、面向世界、面向未来的文化，是民族的、科学的、大众的文化，包括社会主义核心价值观和价值体系等内容，是优秀传统文化的时代化发展，也是革命文化在和平年代的继续沉淀，是经由社会主义洗礼后的文化复合体。

1956年4月，毛泽东在中共中央政治局扩大会议上提出的"百花齐放、百家争鸣"，成为我国发展科学、繁荣文学艺术的方针。

中共十五大正式提出了建设有中国特色社会主义的文化纲领，即以马克思主义为指导，以培育有理想、有道德、有文化、有纪律的公民为目标，发展面向现代化、面向世界、面向未来的，民族的、科学的、大众的社会主义文化。中共十六届四中全会提出，要深化文化体制改革，解放和发展文化生产力。十八大以来，习近平总书记多次强调，要坚持走中国特色社会主义文化发展道路，深化文化体制改革，深入开展社会主义核心价值观学习教育，广泛开展理想信念教育，大力弘扬民族精神和时代精神，推动文化事业全面繁荣、文化产业快速发展。

社会主义先进文化同社会主义市场经济、社会主义民主政治、社会主义和谐社会及社会主义生态文明共同构成了中国特色社会主义。社会主义先进文化的精髓是弘扬民族精神、时代精神，培育和践行社会主义核心价值观。比如，"生命至上、举国同心、舍生忘死、尊重科学、命运与共"的伟大抗疫精神是爱国主义、集体主义、社会主义精神的传承和发展，是中国精神的生动诠释，丰富了民族精神和时代精神的内涵。我们要大力弘扬伟大的抗疫精神。

社会主义核心价值观是社会主义先进文化的精髓。中共十九届四中全会审议通过的《中共中央关于坚持和完善中国特色社会主义制度　推进国家治理体系和治理能力现代化若干重大问题的决定》中提出，坚持和完善繁荣发展社会主义先进文化的制度，通过推动理想信念教育常态化、制度化，完善弘扬社会主义核心价值观的法律政策体系，推进中华优秀传统文化传承发展工程，完善青少年理想信念教育齐抓共管机制，健全志愿服务体系，完善诚信建设长效机制等举措，实现社会主义核心价值观对文化建设制度的引领。以社会主义核心价值观引领社会主义先进文化建设，是发展中国特色社会主义文化的必然要求。

社会主义先进文化具体体现在社会主义公共文化服务体系、国民教育体系、文化事业与文化产业体系、文化市场体系及各种形式的文化产品和服务中。在社会主义先进文化形成和发展的过程中，中国共产党充分发挥文化在培育和弘扬社会主义核心价值观中的作用，创新引导方式，增强引导实效，努力实现社会效益和经济效益的有机统一，不断保障人民的文化权益，提高人民的文化生活质量，不断增强人民群众的获得感和幸福感。当前，坚持社会主义先进文化指明的科学文化方向，培育和践行社会主义核心价值观，是新时代建设中国特色社会主义文化的关键。

中华优秀传统文化、革命文化和社会主义先进文化三者之间具有全息关系，是相互影响、相互渗透、不可分割的。中华优秀传统文化确立文化自信之"源"，革命文化提供文化自信的"红色基因"，社会主义先进文化引领文化自信的前进方向。[①] 正如习近平总书记所说的那样，"前人传承的知识积累了人们历史上对处理人、社会、自然三者关系的重要认知和经验，今人创造的知识形成了人们应对时代问题的智慧和探索"。但是，新时代文化自信并不是将上述三种文化简单并列，而是以中国特色社会主义文化为主体，在创造性转化、创新性发展中，实现它们的有机合一，并最终铸就中华文化新辉煌。当前，国内外环境正发生深刻变化，我们只有坚定文化自信，通过不断改革创新，发展和完善社会主义先进文化体系，才能为全面建设社会主义现代化国家、实现中华民族伟大复兴凝聚力量！

---

① 刘波.习近平新时代文化自信思想的时代意涵与价值意蕴[J].当代世界与社会主义，2018（1）：98.

第二节 文化自信的坚实根基

中华民族以改革开放的姿态继续走向未来,有着深远的历史渊源和深厚的文化根基。中国共产党是坚定的马克思主义者,中国文化自信的深厚根基要从马克思主义中去寻,要从中华民族文化中去寻。

 一、理论根基:马克思主义

马克思主义、毛泽东思想一定不能丢。坚定文化自信,就要牢牢坚持马克思主义的指导地位。当代中国文化,其主流和实质是以马克思主义为指导的马克思主义文化。我们党一走上中国历史舞台,就高扬马克思主义大旗,始终自觉以马克思主义为指导观察和思考中国的前途和命运。马克思主义作为揭示人类社会发展规律的科学理论,一来到中国,就给中华文化注入了先进的思想内涵,并决定着当代中国文化的根本性质和未来文化的前进方向,决定着当代中国文化的科学性和先进性。这一点已为 100 多年来世界历史发展进程,特别是我国革命、建设和改革的实践所证明。马克思、恩格斯、列宁、毛泽东等马克思主义经典作家对文化的论述,为我国发展中国特色社会主义文化及坚定文化自信夯实了理论根基。

(一) 马克思主义经典作家的文化思想与文化自信

1. 马克思、恩格斯的文化思想

马克思、恩格斯没有明确提过"文化自信"的概念,但其对文化的阐释为中国特色社会主义文化思想的研究奠定了基础,提供了基本的实践方向。马克思、恩格斯的文化观是建立在生产力和生产关系、经济基础和上层建筑的相关关系的基础上的。

文化是人区别于动物、人类社会区别于自然界的根本特征，它直接或间接地规定了个人、群体、民族乃至整个人类社会的存在状态。在资本主义社会，个人主义、利己主义泛滥。在马克思、恩格斯那里，尽管文化的形式丰富多样，但就其实质而言，它是人类社会实践活动的产物，是通过人类的社会生活和社会交往而被社会化和客观化了的精神产品。"在再生产的行为本身中，不但客观条件改变着……而且生产者也改变着，炼出新的品质，通过生产而发展和改造着自身，造成新的力量和新的观念，造成新的交往方式。"① 文化既有物质文化的含义，也包含了精神文化的含义。

马克思、恩格斯是从广义的社会形态的意义上使用文化概念的，揭示了物质生活对精神生活的决定作用。他们认为：① 观念的东西不外是移入人脑并在人的头脑中改造过的物质的东西而已。② ② 思想、观念、意识的生产最初是直接与人们的物质活动，与人们的物质交往，与现实生活的语言交织在一起的。人们的想象、思维、精神交往在这里还是人们物质行动的直接产物。③ ③ 物质生活的生产方式制约着整个社会生活、政治生活和精神生活的过程。④ 文化的生产源自社会实践，文化的发展也依赖社会实践。"物质生活的生产"即物质生活实践，对精神文化的生产和发展具

---

① 马克思，恩格斯. 马克思恩格斯全集：第四十六卷上 [M]. 中共中央马克思恩格斯列宁斯大林著作编译局，编译. 北京：人民出版社，1979：494.
② 马克思，恩格斯. 马克思恩格斯文集：第五卷 [M]. 中共中央马克思恩格斯列宁斯大林著作编译局，编译. 北京：人民出版社，2009：22.
③ 马克思，恩格斯. 马克思恩格斯文集：第一卷 [M]. 中共中央马克思恩格斯列宁斯大林著作编译局，编译. 北京：人民出版社，2009：524.
④ 马克思，恩格斯. 马克思恩格斯文集：第二卷 [M]. 中共中央马克思恩格斯列宁斯大林著作编译局，编译. 北京：人民出版社，2009：592.

有决定性的意义和作用。

马克思、恩格斯认为,作为上层建筑、精神生活和意识形态的文化对经济基础起反作用。恩格斯指出,政治、法律、哲学、宗教、文学、艺术等的发展是以经济发展为基础的,但是,它们又互相作用并对经济基础产生作用。① 马克思在《〈黑格尔法哲学批判〉导言》中指出,理论不能代替实践,但是理论一旦被人民群众掌握,就能够发挥指导作用。因此,正确反映客观实际的社会意识能够指导人们的实践,而错误反映客观实际的社会意识会阻碍发展。

马克思、恩格斯对宗教文化、资本主义文化进行了批判。马克思、恩格斯认为,封建社会的宗教及其文化作为一种普遍存在的社会意识形式,已经成为社会发展和进步的桎梏。封建文化在宗教"神秘的纱幕"遮掩下成为统治阶级剥削和压迫人民的精神力量。在生产资料归私人占有的资本主义社会,资本家总是想尽一切办法"为自己造出关于自己本身、关于自己是何物或应当成为何物的种种虚假观念",并试图用这些"虚假观念"迷惑人民、欺骗人民,以达到榨取剩余价值、实现利润最大化的目的。资本主义社会里产生的思想文化很容易"异化"为服务于资本家的工具。

2. 列宁的文化思想

列宁继承和发展了马克思的唯物史观。十月革命之后,列宁愈发认识到文化的重要性。他认为,在俄国发展文化尤其特殊,指出加快实现电气化最缺乏的东西是文化,是管理的本领,因此必须提高人的科学文化水平。这也为比较落后的国家发展文化提供了借鉴。

---

① 马克思,恩格斯. 马克思恩格斯文集:第十卷[M]. 中共中央马克思恩格斯列宁斯大林著作编译局,编译. 北京:人民出版社,2009:668.

列宁强调文化建设的重要性,他认为,文化建设直接影响着政治建设、经济建设,对国家发展有着十分重要的作用。在《日记摘录》中,列宁比较了1897年和1920年俄国居民识字的状况,从文化、人才等方面列举了俄国当时在发展社会主义文化方面面临的现实难题与困境。他指出:共产主义不会在一个文盲国家里实现;如果俄国不加快发展文化,就不可能建设成一个完全的社会主义国家。对此,列宁通过颁布扫盲法令、增加教育部门经费、提高教师地位等措施扫除文盲和提高人民群众识字率,大力提高了俄国的文化教育水平。

列宁揭示了文化的阶级属性。列宁对"民族文化"进行了批判,提出了"两种文化"的概念。列宁认为:文化具有民族性和阶级性;在阶级社会,民族被划分为无产阶级和资产阶级,而两者具有不同的思想,相应地,文化也要划分为"民主主义的和全世界工人运动的各民族共同的文化"和"地主、神父、资产阶级的文化";单纯以"民族文化"为噱头,企图转移人们注意力的做法是必须要被揭露和制止的。同时,列宁创造性地提出了"无产阶级文化"的概念,他认为,马克思主义没有抛弃资产阶级时代最宝贵的成就,相反吸收和创造了两千多年来人类思想和文化发展中一切有价值的东西,而这样的马克思主义才能算是"真正的无产阶级文化"。[①]

列宁明确了文化发展的目标。他认为,文化发展的目标不仅仅是提高国民素质,更重要的是培育建设社会主义新人,培养共产主义新人。同时他指出:只有马克思主义的世界观才正确地反映了无

[①] 列宁. 列宁专题文集:论社会主义[M]. 中共中央马克思恩格斯列宁斯大林著作编译局,编. 北京:人民出版社,2009:167.

产阶级的利益、观点和文化;① 要想成为真正的共产主义者，就必须学习马克思主义，要把学校、新闻出版界等各方联合起来，做好青年的共产主义道德教育。

3. 毛泽东的文化思想

毛泽东在几十年革命和建设实践中，提出了一系列中国文化建设的思想，推动了当代中国文化的巨大进步，从文化上缔造了一个崭新的中国形象。毛泽东思考中国文化建设一直是将之与改造中国社会问题结合起来的。中国社会问题是他思考中国文化建设的轴心和基本出发点。随着中国社会问题在每一历史阶段主题的转移，其思考文化问题的中心也跟着转移。这一科学视角犹如一条红线贯穿在他对中国社会问题思考的全过程，贯穿在他的文化思考全过程。他在《新民主主义论》中指出，共产党人既要为政治、经济革命而努力，也要为文化革命而努力，新文化同新经济、新政治一同构成了社会主义新国家。在这篇文章中，他还进一步指出，我们党奋斗的目标，就是要把"一个被旧文化统治因而愚昧落后的中国，变为一个被新文化统治因而文明先进的中国"。五四运动前后，毛泽东通过对中国现状及其文化传统的反思，初步形成了他的马克思主义文化观。可以说毛泽东在这一时期形成的对中国文化的思考，是其变革中国社会的思想先导，为其以后的革命生涯奠定了思想根基。毛泽东由于对中国革命有了科学把握，因此对当时中国文化革命认识得更加深刻，将对文化的思考深深地、自觉地融入中国革命这一主题。毛泽东对中国革命的去向、形势、性质、任务的把握得到了

---

① 列宁. 列宁专题文集：论社会主义 [M]. 中共中央马克思恩格斯列宁斯大林著作编译局，编. 北京：人民出版社，2009：167.

绝大多数中国人民的认同。他认为，中国文化的去向自然依归中国革命的去向，科学回答了"创建什么样的中国文化"的问题，形成了比较成熟的新民主主义文化观，这些观点则主要体现在《新民主主义论》《在延安文艺座谈会上的讲话》等文章、讲话之中。在《新民主主义论》中，毛泽东提出了新民主主义的政治、经济和文化纲领，回答了"中国向何处去"的问题。中华人民共和国成立后的头十年，国家百废待兴。毛泽东积极探索社会主义革命和建设问题。在这一时期，他关注文化问题的出发点和逻辑都没有变，仍将文化问题与社会变革和社会进步相联系，思考文化如何与社会主义革命和社会主义建设相适应，与中国社会变革相适应。他在这一时期的探索不仅继续回答了"创建什么样的中国文化"，而且进一步回答了"怎么建设社会主义文化"，新民主主义文化观也自然而然地被向前推进，注入了新的时代内容。

（二）中国特色社会主义文化自信思想

中国共产党在领导中国人民进行建设和改革的过程中，不断与时俱进、解放思想，形成了具有中国特色的文化理论和文化自信思想。马克思主义经典作家的文化理论同中国实际相结合之后，在中国革命、建设和改革的过程中，得到了进一步的丰富和发展。马克思主义经典作家的文化思想同中国特色社会主义文化思想共同构成马克思主义文化理论，而这一理论也为我们坚定文化自信提供了理论支撑。

邓小平对社会主义文化思想的继承和发展首先体现在文化建设上。首先，邓小平认为，要一手抓物质文明建设，一手抓精神文明建设。邓小平将精神文明建设放到了与物质文明建设同等的高度，指出精神文明不但是指教育、科学、文化（这是完全必要的），而且是指共产主义的思想、理想、信念、道德、纪律,革命的立场和原则,人与人的同志式关系,等等。其次,邓小平认为,文化应服务于政治工作,文化工作的传播和实行应该大众化。这与毛泽东的文化思想异曲同工。

江泽民诠释了中国特色社会主义文化的重要作用,认为:中国特色社会主义的文化反映了我国社会主义经济和政治的基本特征,对经济和政治的发展起着巨大促进作用。全面建设小康社会,必须大力发展社会主义文化,建设社会主义精神文明。在当代中国,发展先进文化,就是发展面向现代化、面向世界、面向未来的,民族的、科学的、大众的社会主义文化。同时,江泽民提出,要大力发展教育和科学事业,积极发展文化事业和文化产业,继续深化文化体制改革,等等。

胡锦涛指出:要继续大力推动社会主义文化大发展大繁荣,坚定不移发展社会主义先进文化。要推动社会主义先进文化更加深入人心,以高度的文化自觉和文化自信,着眼于提高民族素质和塑造高尚人格,以更大力度推进文化改革发展,在中国特色社会主义伟大实践中进行文化创造,让人民共享文化发展成果。

中共十八大以来,以习近平同志为核心的党中央高度重视文化和文化建设。习近平总书记尤其强调文化自信,将文化自信提到了中国特色社会主义的层面,要求全党必须"牢固树立中国特色社会主义道路自信、理论自信、制度自信、文化自信,确保党和国家事业始终沿着正确方向胜利前进"。习近平总书记提出"四个自信",突出强调了文化自信"更基础、更广泛、更深厚"的地位,为不断把中国特色社会主义伟大事业推向前进注入了更基本、更深沉、更持久的力量。习近平总书记在将中华优秀传统文化同革命、建设、改革伟大实践有机融合的基础上，创造性地提出诸多文化领域的新思想、新理念、新论断，形成了习近平新时代文化思想。

习近平总书记指出，坚定文化自信的重要源泉在于中华优秀传统文化。他指出，文化是一个国家、一个民族的灵魂。"没有文明的继承和发展，没有文化的弘扬和繁荣，就没有中国梦的实现。"中华优秀传统文化是我们最深厚的文化软实力。我们要实现中华民族伟大复兴的中国梦，就必须对自身的民族文化有高度的信心。

习近平总书记强调，坚定文化自信要高举马克思主义、中国特色社会主义旗帜。马克思主义作为我国社会主义建设的指导思想，不仅仅是单纯的世界观，更是指导中国人民进行社会主义实践的方法论。我们要坚定对马克思主义的信仰，筑牢精神之基，坚持马克思主义在我国哲学社会科学领域的指导地位；不仅要学懂弄通马克思主义基本原理，还要在做实做深上下功夫，推动马克思主义大众化，用通俗易懂的语言将马克思主义基本原理与中国国情相结合的成果宣传给人民群众，使人民群众易于、乐于接受并内化为自身工作、生活、学习的行动指南，最终达到改造世界的目的；要大力推动马克思主义，尤其是当代中国马克思主义、21世纪马克思主义落地生根，用习近平新时代中国特色社会主义思想武装头脑。

习近平总书记认为，要坚持立德树人、以文化人。培养能够担当民族复兴大任的时代新人，全面建设社会主义现代化国家，实现中华民族伟大复兴，是我们千千万万中华儿女的夙愿，而要实现这一目标，必须要有敢担当、能担当的实干者。我们党充分认识到了培养担当民族复兴大任的时代新人的重要性和紧迫性。我们要培养造就习近平新时代中国特色社会主义思想的信仰者、贯彻者、捍卫者；培养造就社会主义核心价值观的崇尚者、践行者、传播者；培养造就中华民族优秀传统文化的坚守者、传承者、弘扬者；培养造就全面建成小康社会、全面建设社会主义现代化强国的追求者、奋斗者、贡献者；培养造就构建人类命运共同体的倡导者、参与者、推动者；培养担当民族复兴大任的时代新人。①

坚定文化自信的途径之一是不断激发文化创新活力。习近平总书记指出：要推动中华优秀传统文化的创造性转化、创新性发展；要培育和践行社会主义核心价值观，强化教育引导，注重实践养成，把社会主义核心价值观融入法治建设；新时代的文艺创作和学术研究一定要立足现实问题，反映客观实际；要深化文化体制改革，构建文化事业与文化产业协同发展的体制、机制；等等。

习近平总书记站在实现中华民族伟大复兴的历史高度和战略高度，不断深化对新时代中国特色社会主义文化建设和文化发展规律的认识，提出了一系列具有时代性、原创性的观点和论断，形成了系统完备、内涵丰富的文化思想。习近平总书记围绕社会主义文化建设发表的一系列重要论述，对于巩固全党、全国各族人民团结奋斗的共同思想基础，加快建设社会主义文化强国，实现"两个一百年"奋斗目标，实现中华民族伟大复兴的中国梦，具有十分重要的指导意义。习近平总书记关于文化建设的重要论述，是习近平新时代中国特色社会主义思想的重要组成部分，是党的文化理论创新的最新成果。

二、实践根基：综合国力的增强

我国文化自信不断向前发展的实践动力就是综合国力的不断增

---

① 董俊山. 培养担当民族复兴大任的时代新人[EB/OL].（2018-08-24）[2020-12-20].http://www.71.cn/2018/0824/1014420.shtml.

强。综合国力是一个国家所拥有的生存、发展及对外部施加影响的各种力量和条件的总和,既包括自然因素,又包括社会因素,既包括物质因素,又包括精神因素,是各种因素、各个领域的总和,也是物质力量与精神力量的统一。综合国力是衡量一个国家基本国情和基本资源最重要的指标,也是衡量一个国家的经济、政治、军事、文化、科技、教育、人力资源等实力的综合性指标。当前国家之间的竞争主要是综合国力的竞争。

20世纪90年代中期的"中国威胁论"曾一度在西方国家甚嚣尘上,宣扬中国的发展会对亚洲乃至整个世界造成威胁,有意在世界上特别是中国的邻国中制造紧张气氛。但中国经济增长所产生的辐射连带效应,特别是对亚洲经济的稳定和发展的贡献使这种威胁论不攻自破。

改革开放以来,我国不断深化改革,解放和发展生产力,不断破除发展中的体制机制障碍,使党和国家事业取得了开创性成就、发生了历史性变革,综合国力大幅增强。当前,我国已成为世界经济第二大国、货物贸易第一大国、外汇储备第一大国、服务贸易第二大国、使用外资第二大国、对外投资第二大国,发展成就显著。从经济领域来看,2019年,我国全年国内生产总值达990 865.1亿元,比上年增长6.1%;人均国内生产总值达70 892元,比上年增长5.7%。2019年,我国经济6.1%的增速明显高于全球经济增速,在经济总量1万亿美元以上的经济体中位居第一;我国对世界经济增长贡献率达30%左右,持续成为推动世界经济增长的主要动力源。与此同时,我国产业发展水平继续提升。2019年,工业增加值达317 109亿元,比上年增长5.7%,主要产品产量也稳居世界前列。此外,我国基础设施快速发展。2019年年末,高速铁路营业总里程超过3.5万公里，占全球高铁里程2/3以上；高速公路里程超过14万公里，稳居世界第一。同时，我国三大攻坚战取得关键进展。京津冀协同发展、长江经济带发展、粤港澳大湾区建设、长三角一体化发展按下快进键，黄河流域生态保护和高质量发展成为国家战略。对外，我国主办了第二届"一带一路"国际合作高峰论坛、世界园艺博览会、亚洲文明对话大会、第二届中国国际进口博览会，向世界展示了一个文明、开放、包容的中国。

习近平总书记基于对国内外局势高瞻远瞩的准确把握，做出了我国面临"百年未有之大变局"的判断。随着经济全球化的深入发展，各国之间相互联系、相互依存、相互合作的程度空前提高，为中国的对外开放带来了更多机遇。同时我们也应看到挑战和机遇并存，影响我国发展的不确定因素在增加。在国际方面，生态环境、能源资源安全等全球性问题依然存在，贸易保护主义、单边主义日益突出，在市场、资源、人才、技术、标准等领域的国际竞争更加激烈。国内则面临着发展方式转变、经济结构优化和增长动力转换等问题。加之受新冠肺炎疫情的影响，新老问题交织，险滩、暗礁不少，但是经济全球化就像大江大河奔涌向前一般势不可当。在全球经济一体化的大背景下，世界日益成为一个联系紧密的"共同体"，没有哪个国家可以"独善其身"，"零和博弈"的局面并非最佳选择。对于如何破解"修昔底德陷阱"和"国强必霸"的历史逻辑，习近平总书记提出了构建人类命运共同体思想，为世界发展贡献更多中国智慧、中国方案。

2020年，面对严峻复杂的国内外环境，特别是新冠肺炎疫情的严重冲击，在以习近平同志为核心的党中央的坚强领导下，各地区、各部门扎实做好"六稳""六保"工作，使得经济社会发展主要目标任务完成情况好于预期。2020年,全年全国粮食总产量达66 949万吨,比上年增长0.9%,粮食产量再创新高;全年全国规模以上工业增加值比上年增长2.8%,工业生产持续发展,高技术制造业和装备制造业增加值实现较快增长;全年全国服务业生产指数与上年持平,服务业逐步恢复,现代服务业增势良好;市场销售较快恢复,消费升级类商品销售增速加快;全年全国固定资产投资(不含农户)518 907亿元,比上年增长2.9%,固定资产投资稳步回升,高技术产业和社会领域投资增长较快;全年货物进出口总额达321 557亿元,比上年增长1.9%,对外贸易实现正增长,贸易结构持续优化;全年居民消费价格上涨2.5%,居民消费价格涨幅回落,工业生产者价格下降;全年城镇新增就业1 186万人,明显高于900万人以上的预期目标,完成全年目标的131.8%,就业形势总体稳定,城镇调查失业率回落至上年水平;全年全国居民人均可支配收入达32 189元,比上年名义增长4.7%,居民收入增长与经济增长基本同步,城乡居民人均收入比继续缩小。我国是2020年全球唯一实现经济正增长的主要经济体,GDP突破100万亿元是我国社会主义建设的又一里程碑。2020年全面建成小康社会取得伟大历史性成就。

综合来看,在世界经济增长趋缓、国内经济下行压力加大的背景下,中国经济巨轮坚定前行,高质量发展蹄疾步稳,充分彰显了中国经济稳定向好的基本面和中国特色社会主义制度的优势,也充分展示了大国经济持续发展的韧性、潜力和活力。经济基础决定上层建筑。文化的发展是以国家的经济发展、政治稳定、人民富足为基础的。今天的中国已经不是积贫积弱的国家。随着综合国力的增强和人民生活水平的提高,中国人的文化自信也在不断增强。人们对国家有着强烈的认同感,对中华民族的发展充满信心。可以说,不断增强的综合国力为文化自信的坚定奠定了坚实的实践基础,而文化自信的不断增强又作用于经济、政治发展,成为综合国力增强的重要标志。

第三节　文化自信的当代价值

文化自信之所以是更基础、更广泛、更深厚的自信,就是因为文化有持久的生命力,能够深刻作用于民族凝聚力和创造力,能够为中华民族伟大复兴提供精神动力和思想智慧。坚定文化自信,是事关国运、事关文化安全、事关民族精神独立的大问题。

一、坚定文化自信是实现中华民族伟大复兴的中国梦的精神动力

2012年11月,习近平总书记在国家博物馆参观《复兴之路》展览时第一次提及"中国梦",他指出,"现在,大家都在讨论中国梦,我以为,实现中华民族伟大复兴,就是中华民族近代以来最伟大的梦想"。2013年3月19日,习近平总书记在接受金砖国家媒体采访时说道:"实现中华民族伟大复兴的中国梦,是近代以来中华民族的夙愿。"2013年3月27日,在莫斯科国际学院的演讲中,习近平总书记又指出,中国梦的基本内涵是国家富强、民族振兴和人民幸福,而最终旨归是要实现每个人的自由和全面发展,让每个中国人都随着国家的昌盛而过得幸福、出彩。纵观习近平总书记关于中国梦的阐述,我们可以体会到:中国梦不是一句空泛的口号,而是一个完整的思想体系,它囊括了经济梦、政治梦、文化梦、生

态梦等内容；中国梦不仅承载了传统历史文化沉淀的精华，彰显了中华儿女为追梦做出的不懈探索，还蕴含了中国人民对未来美好生活的祈愿。中国梦有深厚的文化根基，其思想渊源也可以追溯到中国传统文化。中国梦在时间维度上联结了中国的历史、现实和未来，贯穿了中国社会的整个发展历史。实现中国梦的过程是一个系统的、动态的寻梦、追梦和圆梦的过程。

（一）文化自信是民族复兴的重要前提

人类社会的每一次跃进都伴随着文化的历史性进步。中华文明绵延几千年没有中断，中华民族在世界上有地位、有影响，靠的就是中华文化的强大感召力和吸引力。文化兴则国运兴，文化强则民族强。一个民族如果没有自己的精神支撑，就没有灵魂，就会失去生命力、创造力、感召力。一个民族的复兴需要强大的物质力量，也需要强大的精神力量。实现中华民族伟大复兴，是近代以来中华民族最伟大的梦想，是中国共产党自成立以来肩负的历史使命。没有先进文化的积极引领，没有人民精神世界的极大丰富，没有民族精神力量的不断增强，任何民族都不可能实现真正的强大。也就是说，没有中华文化的繁荣昌盛，就没有中华民族伟大复兴；没有坚定的文化自信，也不能算实现了民族复兴。要实现中华民族的伟大复兴，就必须坚定文化自信。

（二）文化自信是民族复兴的内在动力

文化自信为中国特色社会主义制度提供了精神力量。一个民族要想强盛，需要有共同的精神追求和文化理想。文化自信有助于全体人民凝聚智慧，汇聚社会共识，以高度的文化认同形成意志合力，发挥强大的文化向心力与凝聚力。只有坚定文化自信，才能坚定对中华民族和中国共产党奋斗发展的历史根基、主体权利和文化理想的坚守，才能不断取得具有新的历史特点的伟大斗争的新胜利，为实现中华民族伟大复兴奠定坚实基础。文化自信是民族复兴的历史根基。以中华优秀传统文化为例，传统文化自产生、发展以来，对中国民族性格、思维方式的形成产生了重大影响。即使到了今天，传统文化的力量仍在直接或间接地影响现代社会的人们。传统文化在人民群众的日常生活中发挥了举足轻重的作用。中华优秀传统文化对人的精神修养的要求和教化、包容的层面是十分有价值的，即便到了今天，也没有过时。正如习近平总书记所讲的那样，"前人传承的知识积累了人们历史上对处理人、社会、自然三者关系的重要认知和经验，今人创造的知识形成了人们应对时代问题的智慧和探索"。传承和发展中华优秀传统文化，才能指导人们更好地进行生产、生活实践。中国特色社会主义文化中的优秀传统文化是中华民族的精神命脉。可以说，文化自信渗透在经济、政治、社会等方面，是我们国家软实力的重要组成部分，是实现中华民族伟大复兴的中国梦的内驱动力。

（三）文化自信是实现民族复兴的现实要求

当前，实现中华民族的伟大复兴，就是着重进行社会主义现代化建设，建设社会主义现代化强国。在世界范围内，从20世纪60年代开始，关于现代化的研究就成为国际社会科学研究的一个重大课题。20世纪60年代，现代化理论的主要学派所列举的现代化目标主要有两个：一是从市民革命开始的脱离王权专制的政治变革，即民主化；二是从产业革命开始的使用非生物动力资源和高效率工具的技术和经济的变革，即工业化。[①] 我国从维新运动开始就有了

---

① 塞缪尔·亨廷顿，等. 现代化：理论与历史经验的再探讨 [M]. 罗荣渠，主编. 上海：上海译文出版社，1993：103.

对现代化的探索。五四运动前后，中国知识分子开始明确地讨论中国现代化的问题，到了20世纪30年代，现代化逐渐成为人们探讨的话题，直至抗日战争爆发。20世纪70年代末，现代化重新成为热点问题，并成为政治学、经济学、哲学、社会学、历史学等诸多学科共同关注的问题。

随着生产力的不断发展，现代化早已不再是西方国家的专属命题。在我国，关于现代化的研究一直是社会科学界的重要话题。学者们围绕现代化的概念、特征、方法、路径等基本问题展开了深入的研究和探讨。自1999年开始，每年关于现代化的文章均超过3 000篇。

经济学家用国民生产总值等指标来界定经济现代化，这是一个极其便捷、高效的统计方式。诚然，现代化是要建立在摆脱贫困的基础上的。中共十八大以来，党中央把贫困人口脱贫作为全面建成小康社会的底线任务和标志性指标，在全国范围内全面打响了脱贫攻坚战。脱贫攻坚力度之大、规模之广、影响之深，前所未有。十九大报告则旗帜鲜明地提出要坚决打赢脱贫攻坚战。2020年12月30日，国务院扶贫办表示，经过各方面的共同努力，中国现行标准下农村贫困人口全部脱贫，贫困县全部摘帽，贫困村全部退出，脱贫攻坚目标任务如期全面完成。在任何一个处于严重贫困状态的地区，谈论现代化就是天方夜谭。因此，经济现代化是现代化的基础。

经济学家用国民生产总值等指标来界定经济现代化；政治学家用政治参与度等指标来衡量政治现代化；生态学家用资源、能源、环境等指标来界定生态现代化……究竟"什么是现代化"，在世界范围内有没有通用的现代化理论，有没有统一的现代化指标体系，在学术界仍存在不少争议,而当前现代化发展的实践尚不足以结束这种争论。不论现代化的理论研究还是现代化的实践探索,在我国乃至世界范围内都是一个方兴未艾的课题。罗荣渠指出,广义上的现代化是指"自工业革命以来现代生产力导致社会生产方式的大变革,引起世界经济加速发展和社会适应性变化的大趋势,具体地说,就是以现代工业、科学和技术革命为推动力,实现传统的农业社会向现代工业社会的大转变,使工业主义渗透到经济、政治、文化、思想各个领域并引起社会组织与社会行为深刻变革的过程"①。

何传启曾提出,中国复兴之路需全面实现"六个现代化"——经济现代化、社会现代化、政治现代化、文化现代化、生态现代化和人的现代化。现代化是各种因素交互作用的产物,受到生态、人口、社会、经济、技术、政治、文化及国际交往因素的影响,其中,生态、人口、社会、文化等是慢变因素,经济、技术、政治、国际交往等是快变因素。在启动阶段,非经济因素特别是政治因素具有占先性;在转变阶段,经济与技术因素具有占先性;在现代化后期特别是社会整合阶段,文化、生态等因素上升到重要地位。②

在当今世界舞台上,不同国家之间的综合国力竞争,说到底是文化的竞争。要实现中华民族伟大复兴的中国梦,离不开文化自信的磅礴力量和坚实支撑。随着全球化的不断深化,尤其是面对近代以来西方中心主义及其文化霸权扩张长期占据人类历史和世界秩序中心位置的现实境遇,中国需要更加注重以文化自信为前提和引导的文化软实力建设,积极展现具有主体性的文化形态和价值理念,

---

① 罗荣渠. 现代化新论:中国的现代化之路 [M]. 增订本. 上海:华东师范大学出版社,2013:408.
② 罗荣渠. 现代化新论:中国的现代化之路 [M]. 增订本. 上海:华东师范大学出版社,2013:408.

构筑起以中国道路、中国理论、中国制度、中国精神、中国方案、中国规则、中国智慧等为内涵和标识的中国文化软实力的强大支撑。

二、坚定文化自信是应对意识形态领域激烈斗争、保证国家安全的必然要求

习近平总书记强调:"能否做好意识形态工作,事关党的前途命运,事关国家长治久安,事关民族凝聚力和向心力。"中共十八大以来,我们党将意识形态工作作为党的一项极端重要的工作来抓。十九大报告指出,"建设具有强大凝聚力和引领力的社会主义意识形态"。意识形态问题是关乎方向性、根本性、全局性的问题。坚定文化自信,对于应对意识形态领域的激烈斗争、保证国家安全有重要作用。

(一)应对外来文化的强势冲击

意识形态工作是一项极端重要的工作。当前,针对中国特色社会主义的社会主义性质的各种错误思潮和质疑不少。境内外敌对势力制造大量混淆视听的负面舆论,恶意抹黑中国的国家形象、政府形象和社会基本面,"其目的就是要同我们争夺阵地、争夺人心、争夺群众,最终推翻中国共产党领导和中国社会主义制度。如果听任这些舆论大行其道,指鹿为马,三人成虎,势必搞乱党心民心,危及党的领导和社会主义国家政权安全"[①]。一旦人们的思想开始松懈、瓦解,政治、经济、社会领域的防线也就很难守住。因此,

---

① 中共中央文献研究室. 习近平关于社会主义文化建设论述摘编[G]. 北京:中央文献出版社,2017:27.

意识形态工作的领导权、管理权和话语权在任何时候都不能放弃，不能旁落。我们必须坚定文化自信，加强正面宣传，从根本上揭露错误思潮的本质，帮助人们澄清是非界限。

在这个国家软实力博弈的时代，我国要立足世界之林，靠的是文化自信。文化自信是事关民族精神和国家独立的战略性问题，是应对国内外意识形态领域激烈斗争、保证国家安全的有力武器，是实现国际社会和平发展、合作共赢的保障。当前，坚定文化自信具有现实紧迫性，即受到西方思潮的冲击。有学者提出，我们当前的文化正在经历从审美的文化到消费的文化、从神圣的文化到世俗的文化、从批判的文化到娱乐的文化、从灵性的文化到技术的文化、从有根的文化到时尚的文化的转化，中华文化正在不断地被解构。文化的解构、消隐在很大程度上是由我们自己对民族文化的不理解、不重视造成的。倘若我们不重视自己的文化，我国几千年来积淀的文化优势就会荡然无存，而我们自己的文化也会逐渐消磨殆尽。一个国家、一个民族的强盛，总是以文化的繁荣和兴盛为支撑的。我们必须高度警惕西方中心主义，反对西方的文化霸权、文化侵略、文化渗透、文化颠覆。

中共十八大以来，我们党全面加强对意识形态的领导，我国意识形态领域出现了一系列重要而深刻的变化，但西方敌对势力对我国的渗透、破坏和颠覆活动从未中止。站在新的历史方位上，我们必须旗帜鲜明地反对和抵制各种错误观点，树立坚定的文化自信，牢牢掌握意识形态工作的领导权，不断加强社会主义意识形态建设。

（二）在国际竞争中把握话语权

习近平总书记指出："文化软实力集中体现了一个国家基于文

化而具有的凝聚力和生命力,以及由此产生的吸引力和影响力。古往今来,任何一个大国的发展进程,既是经济总量、军事力量等硬实力提高的进程,也是价值观念、思想文化等软实力提高的进程。"拥有了强大的文化软实力,就可以在激烈的国际竞争中赢得主动。落后就要挨打,贫穷就要挨饿,失语就要挨骂。目前我国是一个文化大国,却不是文化强国。我国经过几代人的不懈努力,基本解决了挨打、挨饿的问题,但挨骂的问题还没得到根本解决。意识形态斗争、国际话语权斗争成为冷战后国际竞争的新领域。我国要想实现中华民族的伟大复兴,就必须增强文化软实力,从中国特色社会主义文化中找寻自信,建立中国的政治话语体系。只有立足中国特色社会主义文化,才能产生本土化的中国思想、价值观和话语体系。只有植根于文化自信,兼容并包,我们才有底气与生机在与世界文化的交融与交锋中张扬中华文化精髓,响应世界发展潮流,占据话语主动权。

 三、坚定文化自信是筑牢"四个自信"的坚固基石

"四个自信"丰富和发展了中国特色社会主义的基本内涵,其中,道路自信是中国特色社会主义的实现途径,理论自信是中国特色社会主义的行动指南,制度自信是中国特色社会主义的根本保障,文化自信是中国特色社会主义的精神支撑。四者紧密联系,成为中国特色社会主义最鲜明的特色。

(一)文化自信是道路自信、理论自信和制度自信的精神升华

道路自信、理论自信、制度自信都植根于文化自信。传承中华

优秀传统文化、宣传革命文化、建设社会主义先进文化,是继续巩固和完善道路、理论和制度自信的必由之路。① 习近平总书记在庆祝中国共产党成立 95 周年大会上的讲话中指出,"要坚持中国特色社会主义道路自信、理论自信、制度自信、文化自信",并进一步强调"文化自信,是更基础、更广泛、更深厚的自信"。文化自信的提出,是中国共产党对中国特色社会主义文化理论的重大发展。道路自信、理论自信、制度自信主要体现党和国家的政治信仰、政治宣示和政治导向。文化自信本质上是精神自信。坚定文化自信就是肯定和坚持自身的文化。坚定中国特色社会主义文化自信就是把中国特色社会主义自信精神提升到民族精神、革命精神、道德精神层面,使之成为"更基本、更深沉、更持久的力量";就是把道路自信、理论自信、制度自信与文化自信结合起来,增强每一个中国人的文化自信,特别是中国特色社会主义的道路文化自信、理论文化自信、制度文化自信,极大丰富精神世界,充分发挥全民族精神力量,真正实现中国特色社会主义政党自信、国家自信、民族自信的有机统一。

(二) 文化自信是道路自信、理论自信和制度自信的必然结果

文化自信是道路自信、理论自信和制度自信的内在要求,为三者提供精神支撑。文化自信是一种价值观导向,是其他三个自信的必然结果与目标所在。文化自觉、自信与自强从根本上推动了理论、道路、制度方面的自觉、自信与自强。总体来讲,文化中的理想、信念与信仰,关乎中华民族复兴和现代化强国建设的精神家园,彰显了新时代中国特色社会主义发展的更基本的价值方向;文

---

① 陈先达.论中国共产党人的文化自信[J].党建,2017 (5):27.

化以更加深沉、持久的方式对人的思维、心性与观念产生潜移默化的影响,更深沉地积淀了中华民族的精神追求;文化影响的印记形成后,会对中华民族发挥更持久的影响和作用。文化自信为道路自信、理论自信、制度自信提供基本价值支撑,并贯穿后三者之中,为其提供精神引领与文化滋养。①

四、坚定文化自信为解决当前社会主义主要矛盾指明实践方向

文化自信不仅仅是一个纯学理问题,也是一个事关党的思想理论建设的大问题,更是一个事关中国社会主义前途和实现中华民族伟大复兴的现实问题。每个国家都有各自的发展道路、发展模式。社会主义道路是中国人民选择的道路。走适合中国国情的道路,最终才能走得通、走得好。在这个过程中,文化自信可以为解决当前社会主义主要矛盾指明实践方向。

(一) 文化自信是培育践行社会主义核心价值观的稳固基石

习近平总书记指出:"人类社会发展的历史表明,对一个民族、一个国家来说,最持久、最深层的力量是全社会共同认可的核心价值观。"价值观凝结在文化之中,决定着文化质的规定和方向,承载着国家、民族的精神追求。核心价值观是凝聚社会共识的"最大公约数",能够引导人们向往和追求讲道德、尊道德、守道德的生活,形成向上和向善的力量。社会主义核心价值观是当代中国精神的集中体现,凝聚着全体中国人民共同的价值追求。它分别从不同

---

① 刘波. 习近平新时代文化自信思想的时代意涵与价值意蕴[J]. 当代世界与社会主义, 2018 (1): 100.

的角度对个人、社会和国家的价值观、价值取向和价值目标提出新要求。社会主义核心价值观在引领时代前行、实现人的自由全面发展中有着强大力量和独特优势。富强、民主、文明、和谐,自由、平等、公正、法治,爱国、敬业、诚信、友善是社会主义核心价值观的基本内容,其中,富强、民主、文明、和谐是国家层面的价值目标,自由、平等、公正、法治是社会层面的价值取向,爱国、敬业、诚信、友善是公民个人层面的价值准则。实现中华民族伟大复兴,建设社会主义现代化强国,需要人民具有正确的民族观、国家观、历史观、人生观、价值观。确立社会主义核心价值观是增强文化自信的关键,而文化自信是培育和践行社会主义核心价值观的稳固基石。培育和弘扬核心价值观,进一步增强人民群众的社会意识,是保证社会秩序安定有序的重要途径,也是国家治理体系和治理能力现代化的重要方面,关系到国家的长治久安。社会主义核心价值观的树立源于文化自信。只有对中国特色社会主义文化高度自信,充分发挥正面舆论鼓舞人、教育人的作用,使人们深刻懂得中国共产党为什么"能"、马克思主义为什么"行"、中国特色社会主义为什么"好",才能使人民群众真正牢固地树立社会主义核心价值观,从而加强理论武装,坚定理想信念。因此,无论理论研究、宣传报道还是文艺创作、思想教育,都要把坚持正确导向摆在首位。

(二)文化自信是实现文化现代化的重要前提

中国共产党从诞生之日起,就将为人民谋幸福、为民族谋复兴作为自己的使命和担当。党领导人民进行社会主义现代化建设的进程就是立足国家发展实际,不断满足人民、国家发展需求的过程。从"四个现代化"战略目标,到经济建设、政治建设、文化建设、社会建设、生态文明建设"五位一体"总体布局,再到道路自信、理论自信、制度自信和文化自信"四个自信",可以看出,文化在社会主义现代化建设进程中的作用越来越明显。十九大报告中指出:要在全面建成小康社会的决胜期,"统筹推进经济建设、政治建设、文化建设、社会建设、生态文明建设";从 2020 年到 2035 年,"在全面建成小康社会的基础上,再奋斗十五年,基本实现社会主义现代化。到那时……社会文明程度达到新的高度,国家文化软实力显著增强,中华文化影响更加广泛深入"。这表明,文化现代化是社会主义现代化建设的重要领域和题中之义。没有文化现代化,社会主义现代化建设就不能称为全面的现代化,社会主义现代化建设就不全面、不完整。中共十九届五中全会提出,开启全面建设社会主义现代化国家的新征程。文化现代化作为社会主义现代化的题中之义,与经济、政治、社会、生态文明现代化相辅相成、不可分割。

当前学术界对文化现代化的研究持续升温,取得了诸多有建树的成果。学者们从文化现代化的概念、内涵、实质及其实现路径等角度诠释了文化现代化。

1. 文化现代化的概念

有学者指出,文化现代化是指在扬弃传统文化和吸纳全人类优秀文化的基础上促进先进文化发展和人的现代化的实践①,是一个国家或民族主动地以推进人文环境优化、提高人的综合素质及完善人格为主要内容来增强国家软实力的文化实践活动②。也有学者从狭义文化意义的角度诠释文化现代化,指出文化现代化主要体现在

---

① 陈嵘,方世南. 苏州文化现代化的探索与实践[N]. 中国文化报,2015-06-05(3).
② 许煜华. 新时代习近平文化现代化思想探析[J]. 学理论,2018(8):9.

上层建筑和精神领域内,是与经济现代化并列的一个范畴。①

2. 文化现代化的内涵

有学者认为,文化现代化包括思想观念现代化、制度现代化、文化设施现代化、文化信息化、文化产业化、文化消费经常化、文化交流国际化、文化科技化、文化人口高比例化、文化人才高档化和文化管理法制化等。② 也有学者认为,文化现代化不仅包括纯粹文化、文化设施、文化产业和其他文化的现代化,也包括文化生活、文化内容、文化形式、文化制度、文化观点、文化体系和文化管理等的现代化。③ 文化现代化是现代化进程中文化领域的现代化,包括现代文化的形成、发展、转型与全球化的复合过程。④

3. 文化现代化的实质

有学者认为,文化现代化是社会的现代化。⑤ 也有学者认为,文化现代化是人的现代化,或者说是以人的现代化为主要内容,是指一个国家或一个民族在文化自信的基础上主动地推进以人文环境优化、人的综合素质提升及人格完善为主要内容的文化实践活动。⑥

4. 文化现代化的实现路径

有学者认为,文化的传承新变,是文化现代化转型的前奏。⑦ 也有学者认为,文化现代化是一项创新工程,需要进行理念创新、

---

① 赵伯乐. 文化现代化的涵义及特征初论[J]. 思想战线, 2002 (4): 98.
② 陈依元. 现代化、文化现代化、文化现代化指标体系[J]. 福建论坛:经济社会版, 2000 (10): 57.
③ 何传启. 中国文化现代化的路径图[J]. 中国科学院院刊, 2009 (2): 153.
④ 朱孝红, 赵铁锁. 当代中国文化现代化与和谐社会建设[J]. 内蒙古社会科学:汉文版, 2012 (2): 128.
⑤ 刘旺洪. 结构再造:中国传统文化现代化之路[J]. 南京社会科学, 1994 (8): 78.
⑥ 方世南. 文化自信视域中的文化现代化研究[J]. 学习论坛, 2017 (1): 59.
⑦ 刘正武. 吴文化现代化转型论[J]. 江南论坛, 2014 (4): 4.

机制创新和行为创新。① 还有学者认为,要坚持人民导向,通过创新公共文化服务机制、体制来实现文化发展现代化。②

总的来说,学术界对文化现代化的相关论述比较全面,形成了诸多共识,比如:文化现代化是一个实践过程,文化现代化的实质是人的现代化,文化现代化需要进行创新,等等。

诚然,在通往现代化的过程中,不同国家在不同历史时期面临的挑战也是不同的。就中国的社会矛盾而言,人民日益增长的物质文化需要同落后的社会生产之间的矛盾这个主要矛盾贯穿我国社会主义初级阶段的整个过程和社会生活的各个方面,决定了我们的根本任务是集中力量发展社会生产力。中共十九大之后,中国特色社会主义进入新时代,我国社会主要矛盾转化为人民日益增长的美好生活需要和不平衡不充分的发展之间的矛盾。这种发展上的不平衡不充分,已经成为满足人民日益增长的美好生活需要的主要制约因素。

建设社会主义现代化国家,要求实现政治、经济、文化、社会、生态文明等全方面的现代化,其中,经济现代化为社会主义现代化奠定物质基础,政治现代化为社会主义现代化提供制度保证,文化现代化则是社会主义现代化建设的核心工程和精神动力。文化自信的主体是人,坚定文化自信的过程就是将中华优秀传统文化、革命文化和社会主义先进文化在人民群众中传播、发散的过程。这个过程是理论通俗化、普及化(每个人都知晓与接受)和个体内化(将一定的理论转化为个人行为动机)相统一的过程。③ 人民群众

---

① 汪俊仁.文化自信视野下文化现代化建设的反思[J].广西社会科学,2018(11):196-197.
② 章寿荣.加快推动社会主义现代化建设试点[J].群众,2019(15):25.
③ 邱柏生.试论当代中国马克思主义大众化的条件[J].思想理论教育导刊,2011(12):38.

只有实现了文化自信，拥有充实的精神文化生活，才能达到习近平总书记所讲的"生活在我们伟大祖国和伟大时代的中国人民，共同享有人生出彩的机会，共同享有梦想成真的机会，共同享有同祖国和时代一起成长与进步的机会"，才能真正实现"民惟邦本，本固邦宁"。

（三）文化自信是实现人的现代化的现实需要

与现代化相伴的必然是以人的综合素质全面提升及人格完善为主要内容的文化现代化的发展。① 实现文化现代化就是要在满足人民群众物质生活需求的基础上，不断地破除发展不平衡不充分的问题，不断地增强人民群众的获得感、幸福感，使人民群众生活得更有品位、更有价值、更有尊严。

马克思认为，使用一般历史哲学理论这一把万能钥匙，永远达不到理解不同历史现象的目的，要对不同的历史环境进行特定的经济的历史的分析。马克思对现代化的认识不是机械的、僵化的，不是一成不变的，而是基于生产力和生产关系的不断变化。他关于现代化的论述并非一种决定论，而是认为现代化的发展可能要采取多种多样的形式。恩格斯在《共产主义信条草案》中指出，社会的每一个成员都能完全自由地发展和发挥他的全部才能和力量，并且不会因此而危及这个社会的基本条件。而在《共产党宣言》当中，马克思和恩格斯指出，人类活动的普遍化与合理化是资本主义发展的先决条件，并再次补充道：在共产主义社会中，每个人的自由而全面的发展是一切人的自由发展的条件。在《哲学的贫困》中，马克思将欧洲的现代化归结为社会制度、习俗和社会行为的变化，而非

---

① 方世南. 文化自信视域中的文化现代化研究[J]. 学习论坛，2017（1）：59.

仅仅归结为技术的变化与革新。

在历史发展过程中,人民群众起着决定性的作用。人民群众是历史的主体,也是历史的创造者。毛泽东曾指出,任何思想,"如果不为人民群众所掌握,即使是最好的东西,即使是马克思列宁主义,也是不起作用的"。当今时代经济发展迅猛,物质生活极大丰富的同时,人们开始追求精神文化世界的享受。中共十九届五中全会提出,开启全面建设社会主义现代化国家新征程。不论是建设工业、农业、国防、科技、生态文明现代化,还是推进国家治理体系和治理能力的现代化,最终都是为了服务人民。中国特色社会主义的价值导向是坚持"以人民为中心",其根本目的是为了满足人民日益增长的美好生活需要,使人民得到真正的实惠,使真正的劳动者获得自由而全面的发展。当前在我国,人的现代化问题或者说人的自由而全面发展问题仍然只是作为一种价值理想被提出来,并没有得到彻底的解决。我们正处在由"人为物役"向人的自由而全面发展过渡的一个特殊时期。因此,人作为社会发展的主体推动着社会的发展,人的现代化是社会主义现代化建设的核心,而人的全面发展是社会发展的目的和归宿。

在追求现代化的过程中,人们逐渐发现,要实现经济社会的快速发展,学习借鉴西方发达国家在发展中所积累的有益经验是条捷径。科学技术的飞速发展大大推动了世界现代化的进程,这也要求人们迅速接受和适应这种随之而来的生产、生活方式的转变。当前,一个国家和民族可以从国外引进发达的科学技术,可以借鉴国外先进的管理经验、教育制度等,但是最关键的一点是,那些看似有效的各种制度和管理经验都只是工具,要真正地发挥作用,离不开现代化的人。"如果一个国家的人民缺乏一种能赋予这些制度以真实生命力的广泛的现代心理基础,如果执行和运用着这些现代制度的人,自身还没有从心理、思想、态度和行为方式上都经历一个向现代化的转变,失败和畸形发展的悲剧结局是不可避免的。"① 也就是说,人们要在精神上实现现代化,在思想、心理、态度和行为上都能够与经济、政治、社会、生态文明现代化相适应、相融合。实现这样一种愿景,离不开人的素质的提高。这种内在的心理和人格上的转变,离不开文化的涵养作用。实现人的现代化需要过程。在这个过程中,文化的作用显得极其重要。文化自信一旦确立起来,就将融入人的精神生活,使人形成高尚的伦理道德、正确的行为操守、优雅的审美情趣,并在具体实践中规范、制约和激励人的行动。文化的重要功能是"化人",内化于心,外化于行,融入人的精神基因。文化自信有助于提升人的素养和增强人的能力,进而促进实现人的现代化。

---

① 阿历克斯·英格尔斯,等. 人的现代化[M]. 殷陆君,编译. 成都:四川人民出版社,1985:4.

第三章

文化自信面临的机遇与挑战

"不审天下之势，难应天下之务。"习近平总书记在 2019 年新年贺词中指出，放眼全球，我们正面临百年未有之大变局，机遇与挑战并存。文化的发展亦是如此。在中国特色社会主义新时代，全球化、网络化等因素对我们坚定文化自信产生了深刻影响。我们必须全面辩证地看待这些影响，既清醒地看到挑战所在，又能够发掘其中蕴藏的机遇。只有这样，才能在正视问题中有针对性地推进社会主义文化建设，走出一条适合中国国情的文化自信之路。

第一节 全球化带来的机遇与挑战

随着全球联系的不断增强，国与国之间在政治、经济、社会、文化等方面联系日益密切，互相依存。不同国家、不同地区、不同民族的文化突破地域限制，在全球范围内进行交流、融合。全球文化呈现出互动的态势。全球化既可以孕育出新的全球性文化，也能够割断弱势文化的文化命理，形成多元文化并存的局面。全球化对于本土文化来讲是一把双刃剑，使得文化的发展及文化自信的坚定既面临机遇，又充满挑战。

一、全球化带来的机遇

（一）全球化为文化的交流融合提供了空间，促使文化不断与时俱进

当前，我国的社会主要矛盾已经转化为人民日益增长的美好生活需要和不平衡不充分的发展之间的矛盾。人民日益增长的美好生活需要，既包括物质生活需要，也包括精神生活需要，也就是说，人民不仅对物质文化生活提出了更高的要求，在民主、法治、公平、正义、安全、环境等方面的要求也日益增长。文化是提升人民物质生活和精神生活品质的支撑。如何使文化深入发展，坚持百花齐放、百家争鸣，坚持创造性转化、创新性发展，使文化适应不同年龄、不同层次、不同类型的文化需求，是我们当前坚定文化自信亟须考虑的问题。

在文化全球化的背景下，不同国家、民族之间的文化从封闭走向了开放与融合。诚然，中西方文化在思维方式、价值取向、伦理道德及行为规范方面都有很大差异：在思维方式方面，西方文化注重思辨、理性、实证，而中国文化注重直观、整体、经验；在价值取向方面，西方文化注重以个人为中心，而中国文化注重群体、社会；在伦理道德方面，西方文化注重崇尚个体自由，而中国文化注重谦虚谨慎；在行为规范方面，西方文化"重利""重法"，而中国文化更倾向于"重义""重情"。人类既以个体生命的形式存在，又是社会关系的总和。在面临价值判断和价值选择时，其视角到底是人类个体本位还是社会整体本位，确实是一个"价值两难"问题。历史和现实的人类社会主流价值就是在这两端之间的广阔区间

中选择的。比起西方提倡的个性解放和自由，中国的传统文化更倾向于人与人之间、人与自然之间的和谐。西方文化与中国文化完全是两个独立的体系，差异的鸿沟不可跨越。不同文化生产主体有不同文化理念、文化追求，也有不同文化生产方式，与之配套的观念、习俗更是差异巨大。然而，这种差异本身不是问题。带有差异性的文化交流开阔了我们的视野，使我们能够重新审视自己的文化，在文化的创造性转化、创新性发展的过程中有更多的选择和取舍。换句话说，这种差异性正是我们本民族文化与时俱进的养分。我们要学习、借鉴一切有利于加强我国社会主义文化建设的有益经验、一切有利于丰富我国人民文化生活的积极成果、一切有利于发展我国文化事业和文化产业的经营管理理念和机制，在文化的对外开放和融合中，在海纳百川中更好地传承发展本民族的文化。而这种开放性也是中华民族文化绵延不绝的原因之一。

（二）全球化为中华文化不断走向世界、扩大中华文化影响力提供了契机

中华文化博大精深，产生了儒、释、道、墨、名、法、阴阳、农、杂、兵等各家学说，涌现出老子、孔子、庄子、孟子、荀子、韩非子、董仲舒、王充、何晏、王弼、韩愈、周敦颐、程颢、朱熹、陆九渊、王守仁、李贽、黄宗羲、顾炎武、王夫之、康有为、梁启超、孙中山、鲁迅等一大批思想大家，留下了浩如烟海的文化遗产。中华文化不仅是中华民族思想和精神的内核，是中华民族的根脉，对于世界文明来讲，也是极其璀璨而不可或缺的重要组成部分。自古以来，中华民族就以"天下大同""协和万邦"的宽广胸怀，积极开展对外文化交流。中华文化在与其他文化的交流中获得了丰富营养，也为人类文明进步做出了重要贡献。

在今后很长一段时间内,加强中外人文交流,推进国际传播能力建设,将真实、立体、全面的中国展现在世人面前,是我国文化事业和文化产业发展的重要目标。而文化全球化为中华文化走向世界提供了契机。在文化全球化的背景下,我们可以进行文化产业和文化事业的资源跨地区、跨行业整合,通过学习西方先进的科学技术为我国文化发展提供支持。此外,我们还可通过"国家年""文化年"及各种各样的艺术节等文化交流活动,将跨越时空、跨越国度、富有永恒魅力、具有时代价值的文化精神传播出去,使中华文化得到越来越多人的认同和肯定。我国一直倡导"一花独放不是春,百花齐放春满园"。文化全球化有利于中华文化"走出去",有利于不断增强中华文化的影响力。

二、全球化带来的挑战

(一)全球化使得文化出现同质化,本土文化的内涵被模糊

在文化全球化的背景下,各个国家的文化界限被打破。围绕生态环境恶化、能源资源安全等全球性问题,各个国家形成了一些基本共识,比如合作共赢、保护环境、尊重人权等,彼此之间在一些问题上的共识使文化共性被不断放大。但这种共识是带有西方资本主义国家"文化植入"色彩的。西方资本主义国家拥有发达的文化产业。这些文化以高质量的服务、优雅的环境、响亮的品牌遍布世界各地。在向世界各地的人们提供文化消费形式与内容的外表下,西方大众文化也把相应的社会理想、感情色彩、喜好取向和消费观念灌输给人们,以至于人们的行为特征和生活风格在自觉和不自觉

中慢慢改变。① 西方精神文化产品及价值理念的大量输入会影响国内一部分人尤其是年轻人的思维方式和生活方式。不少人变得追求享乐主义，追求个人利益的最大化，而忽视了社会责任。"资本主义卖的不再仅仅是商品和货物。它还卖标识、声音、图像、软件和联系。这不仅仅将房间塞满，而且还统治着想像领域，占据着交流空间。"② 当前，我国大众文化出现了庸俗化和娱乐化的趋势，部分文化艺术创作也不再将重点放在陶冶情操、启迪心智和引领风尚上，转而以低俗、庸俗、媚俗的内容吸引眼球，获取利益最大化，文化的消费印记明显。这些与文化全球化的负面影响关联甚大。文化发展规律不同于经济社会发展规律。全球化使地球成为一个"地球村"的同时，内在的最大文明风险和文化风险便是同质性。全球化催生的是一个文化上的"独生子女"，其可能的镜像是一种文化风险将是整个世界的风险，一次文化失败将是整个人类的文化失败。③ 文化的同质化带来的是人的同质化，是民族文化的消失。我们如果对自己本民族的文化不够自信，没有形成自己的文化命理，没有坚守自己的文化基因，就会在文化全球化的过程中逐渐丧失自身的文化免疫力，就会在面对西方资本主义国家的文化挑战中处于劣势，甚至完全沦为西方国家价值观念的傀儡。

（二）全球化扩大了西方强势话语权的影响，导致本土文化出现"失语"现象

文化话语权通常是指在世界文化中能发出自己的声音并且获得认同，是通过本民族文化对于世界现实和秩序做出解释和建构的权

---

① 朱宗友. 中国文化自信解读［M］. 北京：经济科学出版社，2017：202-203.
② 阿兰·伯努瓦. 面向全球化［C］//王列，杨雪冬. 全球化与世界. 北京：中央编译出版社，1998：10.
③ 王卫平. 江苏地方文化史·苏州卷［M］. 南京：江苏人民出版社，2019：3.

力。当前世界的文化话语权主要被西方国家掌握。这种强势的话语权鼓吹西方普世价值，倡导民主、自由、平等、人权等应是人类共同追求的价值观，而实质上，这种价值观更多地体现了资本主义的价值观，它掩盖了一些西方资本主义国家长期存在的种族歧视、性别歧视、劳资对立、贫富分化、人权无保障等问题。这些西方国家用一种字面上的自由、平等、民主来攻击我国的意识形态，目的是否定中国共产党的领导、否定马克思主义意识形态、否定公有制为基础的社会主义制度。因此，全球范围内的文化输出其实就是不同意识形态的输出，看似是一种和平的、对等的交流，其实是没有硝烟的隐形战争。在一定程度上，不同国家间的文化交流过程已经演变成西方国家灌输自身价值观的"文化侵略"。事实上，对华文化战略已经成为某些西方国家争取自身利益最大化的国家战略的重要组成部分。某些西方国家凭借其强大经济、技术优势，千方百计地向其他国家推行其文化产品，并借此将其文化传统、价值观念、生活方式和意识形态输入其他国家，以求在文化和思想上影响、同化其他国家，从而达到按自己的意愿和准则塑造世界的目的。[①]

习近平总书记指出，我国经过几代人的努力，基本解决了"挨打""挨饿"的问题，但是"挨骂"的问题还没有得到根本解决，因此我国要积极争取国际话语权。当前，中国的国际话语权与经济实力不相称，世界第二的国家经济实力并未带来对等的国际话语权。2020 年年初，新冠肺炎暴发之际，中国共产党带领人民群众同舟共济、众志成城，以敢于斗争、敢于胜利的大无畏气概，铸就了生命至上、举国同心、舍生忘死、尊重科学、命运与共的伟大抗疫

[①] 耿超，徐目坤. 文化自信：中国自信的根本所在［M］. 桂林：广西师范大学出版社，2019：113.

精神，取得了疫情防控阻击战的重大胜利。社会主义制度的优越性有目共睹。随着疫情在全球范围内蔓延，一些西方国家出现了公共卫生危机。然而这些西方国家不仅没有将精力放在采取严格措施保护人民群众的生命健康上，反而热衷于对外"甩锅"、推卸责任，频频在媒体上炒作所谓"中国病毒""中国要为疫情蔓延负责"等错误论调，助长种族歧视和排外主义。可以说，这些西方国家对疫情的不作为在很大程度上"被政治算计掩盖"。面对西方强势的话语权及当前中华文化"失语"的尴尬境地，我们需要坚定新时代文化自信，加强国家文化安全，积极争取国际话语权。

2020年10月23日，习近平总书记在纪念中国人民志愿军抗美援朝出国作战70周年大会上的讲话中指出："现在中国人民已经组织起来了，是惹不得的，如果惹翻了，是不好办的！"改革开放以来，我国不断加强文化建设，不断完善社会主义制度，不断增强国家综合国力，在国际上的影响力不断提升。虽然西方文化尚处于优势地位，但我国正在逐步构建自己的话语权，在世界上发出自己真实的声音。

第二节　网络化带来的机遇与挑战

当今的时代是一个谁掌握了互联网，谁就把握住了主动权的时代。当今世界，信息化和经济全球化相互促进。互联网已经融入社会生活的方方面面，深刻改变了人们的生产和生活方式。互联网是20世纪最伟大的发明之一，给人们的生产、生活带来了巨大变化，对很多领域的创新发展起到了很强的带动作用。以互联网为代表的网络化虽然在中国起步较晚，但是发展迅速，与我国的政治、经济、社会、生态文明、文化等发展联系密切，不可分割。对于文化发展来讲，网络化也是一把"双刃剑"，既带来了前所未有的机遇，也带来了前所未有的挑战。

 一、网络化带来的机遇

（一）网络化扩大了文化传播范围，扩大了文化的辐射面

我们生活在一个互联网时代。以QQ、微博、微信、抖音等为代表的新媒体陆续出现，大大丰富了人们的生活，提高了人们的生活质量。有人说，互联网从诞生开始就被视为新文化的代表，是草根精神和最新科技的象征。在网络空间里，人们之间没有身份、地位上的差别，每个人都以相对平等的身份出现。只要在国家法律法规允许的条件下，每个人就都拥有平等上网学习、社交的权利。网民们可以畅所欲言，自由发挥，表达自己的思想、看法，也可以根据各自的需求获取不同的知识和信息。我们"通过多种形式的宣传和普及，实现中国特色社会主义理论由抽象到具体、由深奥到通俗、由被少数人理解掌握到被多数人理解掌握，从而使中国特色社会主义成为全国各族人民团结奋斗的共同思想基础"①。互联网通过线上线下相结合的方式将文化资源转化为网络文化资源。人们可以通过手机、电脑等移动互联网终端随时随地浏览文化信息。

我国是世界上网民人数最多的国家。2020年9月，中国互联网络信息中心发布第46次《中国互联网络发展状况统计报告》。报告指出："截至2020年6月，我国网民规模为9.40亿，较2020年3月新增网民3 625万，互联网普及率达67.0%，较2020年3月提升

---

① 马福运. 当代中国马克思主义大众化的基本经验［J］. 思想教育研究，2011（10）：8.

2.5个百分点";"截至2020年6月,我国手机网民规模达9.32亿,较2020年3月新增手机网民3 546万,网民中使用手机上网的比例达99.2%,较2020年3月基本持平";"截至2020年6月,我国网络支付用户规模达8.05亿,较2020年3月增长3 702万,占网民整体的85.7%";"截至2020年6月,我国在线政务服务用户规模达7.73亿,较2020年3月增长11.4%,占网民整体的82.2%";"截至2020年6月,我国在线教育用户规模达3.81亿,较2020年3月减少4 236万,占网民整体的40.5%"。

在我国,随着互联网的不断普及,政府、企业、学校、社区等都广泛使用互联网,出现了"互联网+政务服务""互联网+教育""互联网+企业""互联网+党建""互联网+文化"等模式。互联网已深入各地区各行业,渗透到人们生活的方方面面。"大众传媒是拥有强势话语权的文化载体,某种意义上就是舆论的制造者,它通过各种语言、图象等操作工具,向人们讲授、解释着文化世界的意义,进行着带有价值判断的社会评价……构成一种社会意识氛围和价值文化场域,从而对社会成员的价值取向产生影响。"[①] 互联网普及率的提升及"互联网+"应用模式的不断拓展,大大缩小了城乡之间的文化差距,改善了区域之间文化发展不均衡的现状,扩大了文化传播的受众面。同时,文化在网络空间里可以跨越空间和时间上的鸿沟。在空间上,网络将不同国家、不同民族、不同制度下的文化进行整合;在时间上,网络将不同历史时期的文化进行展示,实现了文化在全球范围内的流通和传播。互联网为我国文化传播提供了强有力的支撑。我们可通过互联网将中华优秀传统文化、

---

① 郭维平.核心价值体系大众化过程中的大众传媒与社会心理[J].中国特色社会主义研究,2011(2):53-54.

革命文化及社会主义先进文化推向世界，让更多的人领略到中华文化的魅力。

（二）网络化丰富了文化的表现形式，带来了文化交流的自由与高效

随着经济的不断发展，人民的精神文化需求日益增加，以往以图书、报纸、展览、广播等传统媒介为主要形式的文化传播形式单一、互动性差，已不能满足人民日益增长的精神文化需求。在新时期，人民日益增长的精神文化需求呈现出新特点，从过去对物质的需求转向"盼望更丰富的精神文化生活，更加追求生活的文化内涵和精神境界，由此衍生出来的获得感、幸福感、安全感以及尊严、权利、当家作主等更具主观色彩的'软需求'，则进一步体现出人民生活的'美好'意蕴，并在此基础上升华为对民主、法治、公平、正义、安全、生态等方面的更高期待"①。想要快速、高效地传播社会主义先进文化，利用多种媒介满足人民群众的不同需要是十分必要的。随着互联网技术的不断运用，云计算、大数据、区块链、虚拟现实等技术日趋成熟，文化载体也被不断创新。动漫、直播、短视频、网络文学等文化形式兴起，使文化交流和传播的理念、模式和思路都有了极大的创新。比如，许多非物质文化传承人在抖音上通过短视频或者直播的方式，将传统文化与现代传媒相结合，将优秀传统文化以互动感十足的方式推出，打破了以往传统文化刻板的印象，使直播、短视频背后的文化价值被越来越多的人看到、认同，使越来越多的人深深地被世代传承下来的工匠精神折服。此外，网络化也带来了便捷性和即时性，比如，在日常工作、

---

① 王岩，秦志龙. 满足人民美好精神文化生活新期待[J]. 红旗文稿，2018（18）：25.

生活中，政务部门可以通过互联网平台发布信息、征求意见，可以通过电视、电话会议等增强沟通的时效性，而群众可以通过网络意见箱、便民论坛等来参与社会治理和民主讨论……可以说，网络的发展及普及激发了人们进行文化交流与传播的积极性、主动性。

 二、网络化带来的挑战

正如一枚硬币有正反两面，我们在承认网络化对于传播文化、提升人民生活质量具有积极作用的同时，也应该看到网络化给文化带来了很强的冲击与挑战。

（一）网络化带来了良莠不齐的文化内容，增加了网络空间治理的难度

当前，网络世界已成为人们交流时事、发表观点的重要场所。在全媒体时代，人人都是麦克风。然而，在互联网的浪潮当中，普通网民不仅是信息的传播者和接受者，还是内容的生产者。网民们可以通过网络获取多元化的信息。在虚拟化的网络空间里，大众可以自由地表达思想和见解，但是少部分人在尽情地表达自己的情绪和观点时也变得不加思考，人云亦云。这种"低门槛"的生产和传播方式带来了大量良莠不齐的内容。由于网络的便捷性、即时性特点，各种各样的网络诈骗、网络欺凌、网络谣言涌现，一些充斥着暴力、色情甚至反党、反社会的言论也被迅速地传播着。这种漠视国家法律法规和扭曲国民价值观的言论极有可能通过放大网民的情绪化言论、非理性言论左右社会舆论走向，对网民的意识形态造成极大冲击，给人们的工作和生活带来负面影响，把原本风清气正的网络环境弄得乌烟瘴气，有的甚至会危害国家安全和社会稳定。对

此，我国多次强调网络安全的重要性，强调要建立多边、民主、透明的全球互联网治理体系。2019年1月25日，习近平总书记在中共中央政治局第十二次集体学习时明确指出："要从维护国家政治安全、文化安全、意识形态安全的高度，加强网络内容建设，使全媒体传播在法治轨道上运行。"网络空间里出现的种种问题与作为网络文化主体的人在网络中所表现出来的行为和意识形态有必然的联系，是所有网民行为的综合反映。也可以说，网民的网络素养关乎国家网络文化建设和安全的得失与成败。我国是网民数量最多的国家。增强网民的网络信息的获取能力、网络信息的辨别和分析能力及网络信息的传播和制作能力，营造良好的网络生态环境，使全体网民做到理性上网、智慧上网、依法上网、文明上网，是我国网络空间治理的难点所在，也是网络空间治理的意义所在。

（二）网络化带来的碎片化信息容易使人丧失文化记忆，在一定程度上削弱了民族文化认同感

1985年，美国媒体文化研究者、社会批判学家尼尔·波兹曼在《娱乐至死》一书中指出，随着电视和网络媒介的普及，信息由曾经的理性、有秩序、有逻辑性，逐渐转变为脱离语境、肤浅、碎化。而今天，尼尔·波兹曼担心的问题正在逐渐变为现实。如今的我们身陷快餐文化、消费文化之中。当我们沉迷于微信、快手或抖音时，我们认为这是一种娱乐方式，但实际上，它已经成为我们生活方式的一部分，占据了我们很多时间。极速、精简、轻松的内容只注重更新速度、吸引眼球，在内涵的把控上要求极低，容易使人丧失对真正文化的思考与坚守，在浅层次的娱乐中迷失自我。马克思主义作为我国的指导思想，给整个国家带来了政权建设和社会意识形态层面的影响。做好马克思主义的宣传工作，让人民群众理

解、信服马克思主义，是高举中国特色社会主义理论旗帜的重要任务。过于高估传统文化在当前的作用和影响，是一种文化自负的表现。不论是无条件地保留传统文化还是反对传统文化，都是失之偏颇的。以上这几种观点根本没有客观地分析传统文化的内容、形式甚至内核，没有对传统文化的优劣势做客观的分析，或者从根本上说，没有对传统文化进行真正的认识和反思。也许有人会指出，以上种种观点只是学术界的纯理论探讨，但是这些观点的提出，着实会影响不少人对马克思主义、优秀传统文化的判断。此外，在国际领域，我们要高度警惕西方中心主义，反对西方的文化霸权、文化侵略、文化渗透、文化颠覆。① 西方思潮的涌入使传统文化的传承与发展受到冲击。传统文化的解构、消隐在很大程度上是由我们自己对民族文化的不理解、不正视造成的。我们要做的是把意识形态斗争的焦点、危害讲清楚，将中国发展面临的机遇和问题说明白，让网民自己去想、去感受、去做出判断，最终把握自身意识形态的正确方向。

另外，网络化也暴露了我国核心技术创新不足这一问题。以全球信息通信技术产业为例，美国在全球高端芯片、基础软件等领域领先；日本在上游材料和装备方面优势明显；韩国在存储领域实力强悍；中国则在整机集成领域地位突出。从整体上看，我国的互联网发展取得了显著成就，但是同世界先进水平相比，我国在互联网创新能力、基础设施建设、信息资源共享、产业实力等方面有明显差距，这种差距也体现在文化领域中。在不同文化的交互过程中，个别奉行霸权主义和强权政治的西方国家为了达到经济和政治上的

---

① 陈寿富，赵立敏. 跨文化传播：冲突与融合[J]. 兰州学刊，2016（9）：128.

目的,凭借强大的经济实力和先进的科学技术,通过互联网,在文化交流中掌握主动权和话语权,限制其他国家信息传播的速度和内容,强势推行"文化殖民"、文化渗透。

第三节 坚定文化自信存在的问题

中共十八大以来,我们党从理论和实践的角度反复强调文化自信,从中国特色社会主义事业全局的高度做出了许多深刻阐述,把文化自信纳入了国家发展的顶层设计及治国理政的整体布局之中。实现中华民族伟大复兴是近代以来中华民族最伟大的梦想。要实现中华民族的伟大复兴,文化的复兴是重要内容之一。当前,文化自信的坚定和增强离不开具体的、历史的现实因素。我们以何种眼光来看待文化、以何种行为来对待文化,就是我们对文化的真实态度。培育和增强文化自信在当前之所以成为一个时代问题,是因为中华民族的文化经历过兴盛也经历过衰败,人们既有五千年文明史导致的文化自负心理,又有近代科学发展引发的文化自卑心理,还有多元价值并存催生的文化伪自信心理。到了今天,我们坚定文化自信还面临着诸多困境。

一、五千年文明史导致的文化自负

中华民族是一个历史悠久的民族,创造了璀璨的中华文化。关于中国文化的高潮有几次,学术界仍有不同声音。不少学者认为中国历史上出现过三次文化高潮。比如,景戎华认为,中国历史上出现过三次文化高潮:第一次是春秋战国时期的"百家争鸣",形成了中国的母体文化;第二次是两宋时期的文化复兴,讨论的核心问题是人的问题；第三次是新文化运动，以历史的眼光去总结和反省，是对第一次、第二次文化高潮的觉醒和扬弃。① 也有学者认为，中华五千多年的文明史中仅有三次文化高潮：第一次始于原始社会末期的"五帝时代"，这次文化高潮确定了中国文化的"伦理"特质；第二次发生在西周时期，这次文化高潮将原始的"伦理文化"提升到"文"的高度；第三次发生在唐朝，这次文化高潮将中国文化发展到了世界"文化中心"的位置。② 有的学者则认为，中国文化的三次高潮分别发生在文化与政治积极互动的先秦时期、文化与政治相互促进的唐朝，以及文化是政治先行者的五四时期。③ 还有的学者指出，中国文化的高峰是汉文化、六朝文化和明清文化。在这里，我们并不是要讨论哪种观点是正确的，而是要从这些观点中发现一个共识，就是不论中国文化的高潮发生在什么历史时期，学术界都普遍认同：中国文化发展的过程中有文化高潮，且文化高潮对中国文化的发展和延续做出了突出贡献。

马克思认为，生产力决定生产关系，经济基础决定上层建筑，而生产关系和上层建筑又具有反作用。在古代，我国在经济发展和科学技术上长期处于世界领先地位，可以说是世界上最强盛的国家之一。在春秋战国时期，儒家、道家、墨家、纵横家、法家、兵家等学派诸多，可谓"百家争鸣"。在秦汉时期，南北文化碰撞，佛教初兴，文化兴起。在隋唐时期，国力强盛，不仅政治、经济上达到鼎盛，文化上也取得了很大成就，诗歌、书法、绘画、医学大放

---

① 景戎华. 中国文化的三次高潮及其原因：中国封建社会形态研究之二[J]. 求是学刊, 1987 (4): 78.
② 隋丽娟. 中国历史上的三次文化高潮[J]. 黑龙江社会科学, 2003 (4): 67-69.
③ 盛蓉. 从中国文化的三个高峰时期看文化与政治的关系[J]. 江南大学学报：人文社会科学版, 2011 (2): 117-118.

异彩。在宋元时期，活字印刷术的发明、指南针和火药的发展，使我国科技走在世界前列；儒家文化的社会地位进一步提高，书院数量增多，宋词、元曲盛行，史学繁荣。到了明清时期，许多对后世影响深远的著作，如《本草纲目》《天工开物》涌现出来，文学、绘画和戏剧进一步发展。由于物产丰富、国家强大、文化繁荣，我国对周边国家的发展产生了很大影响，在全世界范围内有较大的影响力。"古代中国科举考试制度在朝鲜、越南等国施行，政治体制和赋税制度为日本、朝鲜等所效仿，城市布局、建筑风格在日本、朝鲜、越南诸国流行，生活习惯、文化艺术等对东南亚的同化"①等，说明古代中国对世界产生了不可估量的文化影响。如果没有强盛的国力、没有繁荣的传统文化，古代中国就不会对其他国家形成如此大的文化吸引力。然而，正是因为国家有如此强大的国力和文化影响力，很多人故步自封，形成了"华夏为尊，夷狄为卑"的文化等级观念，对自身文化自满自足、妄自尊大，对外来文化则嗤之以鼻。这就是文化自负。

到了今天，文化自负的现象依旧存在。面对外来文化时，有的人不能以正确、积极的态度去面对，而是全盘否定，丧失了互相交流发展的机会，总是沉浸在唯我独尊的心理中，认为现代文明的进步都可以从中华古代文化中追本溯源……2018年，电影《厉害了，我的国》以纪录片的形式将中共十八大以来中国的发展和成就进行了展现，让人们看到了国家的繁荣富强。但是我们在看到成就的同时，也应该清醒地认识到我国在创新能力、产业链、价值链方面的短板，不能盲目自信、自吹自擂。当前的文化自负还表现在沉浸在

---

① 张国祚. 提高中国文化国际影响力[J]. 红旗文稿, 2018（10）: 28.

改革开放以来取得的重大成就中,一味地宣扬中国经济社会发展的新阶段、新目标,而忽略了我国发展面临的新挑战。我国的发展面向人工智能、量子信息、集成电路等世界前沿科技,面向经济主战场,面向人民生命健康。我们应不断创新,突破我国的"卡脖子"技术,全面塑造发展新优势。

二、近代科学发展引发的文化自卑

极度的文化自负恰恰成了清代后期中国衰落的主要原因之一。自汉朝开始,中国就被称为"天朝上国"。到了清朝时期,这种意识达到顶峰。当"天朝上国"被西方的坚船利炮粉碎之后,救亡图存、实现民族独立和人民解放成为近代中国的重大历史课题。为了挽救民族于危亡中,先人们寻求过各种各样的主义,进行过各种各样的斗争和尝试。1851年爆发的太平天国运动,规模庞大,在中国持续了近14年。在封建制度已经成为中国社会历史发展最大阻力的时候,太平天国运动的积极作用在于沉重地打击了封建王朝,但是这并没有帮助中国摆脱封建制度的束缚。最后在内外敌人的镇压下太平天国运动归于失败。洋务运动兴起后,以曾国藩、李鸿章、左宗棠、张之洞等为代表的开明派向西方学习,办近代工业、近代交通、近代军事、近代教育等,持续了30年之久,试图通过向西方学习技术层面的东西来挽救行将灭亡的封建王朝,对推动中国的工业化和现代化有重要的意义,但洋务运动最终因指导思想错误而宣告失败。洋务运动在本质上是封建地主阶级的自救运动,指导思想是"中学为体,西学为用"。中学为体就是以中国传统的经史之学为本,而西学为用就是用西方先进科学技术来巩固封建专制制度和意识形态,所以洋务运动不可避免地带有强烈的封建性和买办性。洋务运动之后,以康有为、梁启超、谭嗣同为代表的资产阶级改良派发起了戊戌变法,不仅学习西方的科学技术,还学习西方的制度,试图通过和平的、改良的手段使中国走上资本主义道路。由于中国封建顽固势力过于强大,变法的举措全被推翻,变法也以失败告终。

农民运动失败了,洋务运动失败了,资产阶级改良主义在中国也行不通,接下来中国究竟该何去何从?

这个时候,以孙中山为代表的资产阶级发起了辛亥革命。1911年的辛亥革命在中国历史上具有重要意义,它最大的功劳就是结束了封建帝制。但是由于中国民族资产阶级的软弱性,最后政权被袁世凯篡夺。此后,护国战争爆发。中国陷于军阀混战中,而每一个军阀后面都有帝国主义支持,所以不但中国的半殖民地半封建的社会性质没有改变,民族危难也更加深重。

在长期的挫败之中,人民对民族文化失去了自信,转而走向文化自卑。文化自卑是一种在对待自身文化价值上的轻视、怀疑乃至否定的态度和心理。"文革"期间出现的问题是我们否定传统文化所接受的深刻教训。"文革"结束后,我们党及时对"文革"时期的历史错误进行了反思。但是这种拨乱反正并没有完全消除一些人的文化自卑思想。我国遭受的种种挑战和困境在一定程度上是因为我们把自己的传统文化看得太轻,不懂得尊重传统文化,文化自信缺失。时至今日,文化自卑心理依旧影响着人们的思想和行为。仍有不少人崇洋媚外,认为西方的政治制度比社会主义制度好,认为西方国家倡导的民主、自由、平等、人权就是"普世价值",认为应摒弃传统文化来看文化全球化,最终表现为对中国道路不自信、对中国文化不自信等。

三、多元价值并存催生的文化伪自信

当前坚定文化自信存在着诸多问题,"根源在于存在两个根本的对手,一个是特权与等级逻辑主导的文化价值观念,一个是资本和市场逻辑主导的文化价值观念"①。在多元文化冲击的背景下,我们依旧存在着文化自卑、文化自负及文化伪自信等问题。文化自负和文化自卑是两种相对极端的现象。我们当前更应该提防的是文化伪自信现象。

我们党高度重视文化自信。"文化自信"一经提出,就成为各级党政机关尤其是文化部门开展具体工作的指导方针,全国各地也掀起了文化建设的浪潮。打造名人故居、挖掘民间传说、保护历史名胜等成为弘扬传统文化的着力点。这些本来是无可厚非的事,但是人们逐渐地发现,不少地方新建的历史建筑和"红色旅游"是单纯为了经济利益而建设的,是假冒的文化资源,毫无历史依据。不少地方部门的行为看似在树立文化自信,实则走向了它的反面,成了文化伪自信的表现。

文化伪自信打着文化自信的旗号,以看似丰富多彩的活动为载体,实际上,却对坚定文化自信面临的困境视而不见、轻描淡写甚至刻意掩藏。这种文化伪自信体现在两个方面。一是文化本身是伪文化,即所谓文化实践中出现了诸多粗制滥造、充满谬误、以假乱真的伪文化。这种伪文化的发展会使不少人认为中华文化就是庸俗

---

① 陈培永,李汝佳. 中国特色社会主义文化自信:内在逻辑、现实困境与未来前景[J]. 学术研究,2020(2):1.

的、粗浅的。比如,一些地区出现了"争名人"现象,不顾客观实际地给自己的文化资源"加码",硬性地与历史"套近乎";有的地方推出了"西门庆""金瓶梅"等旅游项目;一些所谓艺术团,打着弘扬中国文化的旗号在世界各地搞反华宣传,聚敛钱财……纯正的文化不传承,低劣的文化就会乘虚而入;本土的文化不弘扬,西方的文化就会"不请自来"。二是对文化自信的捧杀。例如,有人认为,我们当前如此强调文化自信的重要性,在各个领域如此强调坚定文化自信,已在坚定中国特色社会主义文化自信方面取得了重大进展,因此我国实现了文化自信。然而,国际上相继出现的"中华文化热""孔子热""汉语热",是不是真的表明中华文化已经得到世界范围内的认可?喊着"犯我中华者,虽远必诛"的口号,是不是就是真的爱国?在文化产业和文化事业大发展、大繁荣的背后,文化的现代化和人的现代化有没有真正实现?诸多问题都值得我们深思。又如,青年一代是建设中国特色社会主义现代化国家强有力的后备力量,要坚定理想信念,真正成为实现民族振兴的中流砥柱。当前青年一代尤其是大学生,从整体上文化自信状况很好,但一部分人通过调研暴露出了对中国文化认知不足、对中国文化践行能力较差、文化忧患意识淡薄、文化理想信念迷失等问题。[①]自信不是自吹自擂,更不能脱离历史真相搞虚假宣传。因此,从现实角度来讲,我们如此强调文化自信,恰恰是因为我们尚未完成文化自信,在坚定文化自信的目标和目的上仍有不少差距。真正实现文化自信依旧任重道远。

我们要坚定文化自信,就是要对中华优秀传统文化、革命文

---

① 陈正良,梁兴印,金忠."四个自信"之文化自信宁波蓝本[M].长春:吉林大学出版社,2019:60-70.

化、社会主义先进文化有清醒的认识，客观地分析不同时期文化的内容、特征，辩证地看待文化在不同历史时期发挥的作用及可能的前途。在更高的层次上审视文化，会比单纯的"拥护"或"打倒"更有意义。因此，在全球化、网络化的大背景下，坚定文化自信既迎来了机遇，也面临着挑战。我们只有辩证地看待机遇和挑战，才能抓住机遇，直面挑战，跳出文化自负与自卑的窠臼，才能找出应对措施，走出一条适合中国国情的文化自信之路，建立起实质性的文化自信。

第四章

坚定文化自信的路径与举措

中共十九届五中全会指出,要协调推进全面建设社会主义现代化国家、全面深化改革、全面依法治国、全面从严治党的战略布局。全面建设社会主义现代化国家就包含了经济、政治、社会、文化、生态文明的现代化,而文化现代化作为社会主义现代化的题中之义,与经济、政治、社会、生态文明的现代化相辅相成、不可分割。文化现代化是社会主义现代化建设的核心与根本工程。

当前,我国仍然存在着不少文化自卑、文化自负及文化伪自信的问题。实现充分文化自信需要一个长期的过程。文化自信在任何时期都不能放弃,这就要求我们在文化建设上站位高、标准高、品质高,一体推进对中华优秀传统文化、革命文化和社会主义先进文化的认同与发展。

第一节 牢牢掌握意识形态工作领导权

意识形态领域是政治安全的前沿阵地。习近平总书记说过:"历史和现实都警示我们,思想舆论阵地一旦被突破,其他防线就很难守得住。在意识形态领域斗争上,我们没有任何妥协、退让的余地,必须取得全胜。"在世界百年未有之大变局的时代背景下,意识形态话语权和管理权直接关系着社会主义建设的旗帜和道路问题，关系着国家的安全稳定。

 一、进一步加强和改进党对文化工作的领导

马克思指出，人民群众是历史的创造者，明确了人民群众在创造历史的实践活动中的主体地位。只有解决人民群众最关心的问题，有的放矢，才能引发人民群众的共鸣。因此，文化工作要从人民群众现实的生产、生活实践中寻求创新点和落脚点，从人民群众关心的民生问题开始。坚定文化自信，就需要从文化自信的主体入手，既抓住中国共产党这一引领、倡导主体，也尊重人民群众这一接受、检验主体。让人民当家做主，是中国共产党追求的价值目标；使人民幸福，是中国共产党奋斗的目的。解决中国问题的关键在于中国共产党的领导。中国共产党作为马克思主义执政党，要对自身使命与担当有清醒的认识，要把一切为了群众的目的性与一切依靠群众的创造性结合起来，要牢牢树立并践行以人民为中心的理念。在文化引领中坚持以人民为中心，不仅仅是立场问题、历史问题、情感问题，也是发展趋势和发展目的的问题。纵观《习近平谈治国理政》第一卷、第二卷和第三卷，以人民为中心的发展思想贯穿始终。

事实上，中国共产党一直高度重视运用文化引领前进方向，不断加强和改进党对文化工作的领导，团结带领全国各族人民不断以思想文化新觉醒、理论创造新成果、文化建设新成就推动党和人民事业向前发展，使文化工作在革命、建设、改革各个历史时期都发挥不可替代的重大作用。在这个过程中，我国逐渐找到了一条以马克思主义为指导，具有中国特色的文化发展之路。实践证明，只有加强和改进党对文化工作的领导，不断加强文化建设，才能为文化建设提供坚强的政治、思想和组织人才等方面的保证。人民的团结、社会的安定、民主的发展和国家的统一都要靠党的领导。

当今世界面临百年未有之大变局，各种思想文化交流、交融、交锋更加频繁。在这种情况下，党必须进一步加强和改进对文化工作的领导，牢牢掌握意识形态领域的主导权和话语权。

二、科学地对待马克思主义

马克思主义作为我国社会主义建设的指导思想，不仅仅是单纯的世界观，更是指导中国人民进行社会主义实践的方法论。中国共产党一直强调学习马克思主义。通过这种学习和研究，大家在思想理论水平和实际工作能力两个方面都能得到新的提高，从而能够更好地应对面临的理论困扰和实际难题。

（一）毫不动摇地坚持马克思主义

坚持马克思主义对于中国共产党来说不是问题。从建党之初开始，中国共产党就将马克思主义列为指导思想。《中国共产党章程》指出："中国共产党以马克思列宁主义、毛泽东思想、邓小平理论、'三个代表'重要思想、科学发展观、习近平新时代中国特色社会主义思想作为自己的行动指南。"2018年新修订的《中华人民共和国宪法》指出："中国各族人民将继续在中国共产党领导下，在马克思列宁主义、毛泽东思想、邓小平理论、'三个代表'重要思想、科学发展观、习近平新时代中国特色社会主义思想指引下……实现中华民族伟大复兴。"

"从革命历史来看,马克思主义指导了我党的革命实践,使中国能够击退外来侵略,建立起独立的国家政权;从建设历程来看,马克思主义引领了我国的建设实践,使中国获得了飞速的发展,成为国力强大的社会主义国家"①,因此,马克思主义是我们必须长期坚持的。但从认识论的角度来看,"从生动的直观到抽象的思维,并从抽象的思维到实践,这就是认识真理、认识客观实在的辩证途径"②。人们的认识由于受主客观条件的限制,往往要经过不断反复和无限发展的过程。从主观条件看,人们总是受到自己认识能力和实践活动范围的限制;从客观角度看,人们的认识受到科学技术的限制,以及客观过程的发展和表现程度的限制。因为物质世界及其发展是无限的,所以人们的认识活动也是没有终结的。人们要不断地克服主观和客观、认识和实践之间的矛盾,在具体的、历史的统一中完成对事物的认识。那么,对于我们每一个党员来讲,毫不动摇地坚持马克思主义是否也不是问题呢?每个党员是否都能充分认识到马克思主义的科学性呢?这些是我们需要搞清楚的问题,也是我们必须回答的问题。

马克思在《关于费尔巴哈的提纲》中提道:人们的思维是否具有客观的真理性,这不是一个理论的问题,而是一个实践的问题;人们应当在自己的实践中证明自己思维的真理性、客观性、此岸性。一个思想、一个理论对不对,应该用实践去检验和证明。在中国,有三大历史实践证明,必须毫不动摇地坚持马克思主义。

首先,中国近代以来的历史实践证明,只有马克思主义才能救

---

① 曾麒玥. 文化自信的实现路径:习近平的文化自信观探究[J]. 社会主义研究,2017(4):10.

② 列宁. 列宁全集:第五十五卷[M]. 中共中央马克思恩格斯列宁斯大林著作编译局,编译. 北京:人民出版社,1990:142.

中国。1840年鸦片战争以后，中国陷入半殖民地半封建社会。救亡图存、实现民族独立和人民解放成为近代中国的重大历史课题。为了挽救民族于危亡之中，先人们寻求过各种各样的主义，进行过各种各样的探索和斗争。从太平天国运动到洋务运动、戊戌变法，再到辛亥革命，这么多的运动，这么多的尝试，最终都以失败告终，都没有解决问题。在走投无路的时候，俄国十月革命一声炮响，给中国送来了马克思主义。如果没有马克思主义在中国的传播，就没有中国共产党的诞生，也就没有中华人民共和国的成立。因此，从过去到现在的历史实践证明，只有马克思主义才能救中国。马克思主义是实践的选择，是历史的选择，是人民的选择。

其次，国际共产主义运动的经验教训说明，马克思主义丢不得。我国9 000多万名党员是靠什么凝聚在一起的？靠的就是马克思主义这面大旗。全体党员团结在马克思主义大旗之下。丢了马克思主义就丢了灵魂。以史为镜，可以知兴替。1989年前后的东欧剧变和1991年的苏联解体就是很好的例子。1989年前后，东欧一些社会主义国家的共产党和工人党在短时间内纷纷丧失政权。在苏联解体之前，社会矛盾已经凸显，危机四伏。最终，1991年12月，戈尔巴乔夫宣布辞去苏联总统职务。12月26日，苏联最高苏维埃共和国院举行最后一次会议，宣布苏联终止存在，苏联正式解体。苏联解体有很多原因，既有历史的原因，又有现实的原因，而现实的原因，也是最直接的原因就是抛弃了马克思主义的指导，全盘西化：经济上实行全面私有化；政治上自由化，实行多党制；指导思想上多元化。苏联当时是可以和美国相抗衡的超级大国，丢了马克思主义之后，国家四分五裂，经济受到严重破坏。

再次，改革开放以来的实践证明，马克思主义对中国起着举足轻重的作用。经过改革开放以来40多年的发展，现在的中国，外汇储备连续多年位居世界第一，是制造业第一大国、货物贸易第一大国、世界第二大经济体、商品消费第二大国、外资流入第二大国。中国的发展有目共睹。中国拥有世界上规模最大的高速公路系统；载人航天、深海探测、量子通信等重大创新成果不断涌现；高铁网络、电子商务、移动支付、共享经济等引领世界潮流。我们用改革开放发展的实践成果证明，马克思主义不仅能救中国，还能发展中国。

一个国家实行什么样的主义，关键在于它能否解决这个国家面临的历史性课题。中国近代以来的实践、国际共产主义的教训、中国改革开放的成就这三大实践，证明了中国必须毫不动摇地坚持马克思主义。

（二）与时俱进地发展马克思主义

马克思主义发展的方式不是解释学的，而是实践的。但马克思主义从来都不是教条，希望从马克思主义那里得到建设社会主义的具体方法和道路是不现实的。马克思主义是从实践当中产生的，并在与各国具体国情的结合过程中不断丰富和发展着。在各国革命实践中，在社会主义建设的实践中，真正坚持以马克思主义为思想指导的政党都在不同方面推进马克思主义的发展，使马克思主义具有时代特征和民族特色。马克思主义的发展史，其实也是马克思主义不断与时俱进地历史。在我国，与时俱进地发展马克思主义可以概括为一句话：推进马克思主义的中国化、时代化、大众化。

首先，要实现马克思主义中国化。只有民族的才是世界的，只有引领时代才能走向世界。我们要立足我国实际，深入总结中国特色社会主义实践，以正在做的事情为中心，聆听人民心声，回应现实需要。《科学革命的结构》的作者库恩说过，科学共同体有一种基本理论"范式"，这种"范式"由基本概念层次、理论解释层次和实践操作层次三个层次构成。我们都知道，马克思主义是不断发展的，它在与各国实践的结合过程中不断发展，最终产生适合本国国情的理论和思想，但是马克思主义实质性的内核是不变的。在与时俱进发展马克思主义的过程中，我们要将马克思主义基本原理传输给大众，这也是所谓保持基本概念层次不变，但在理论解释层次和实践操作层次进行创新。这里讲的创新有两方面内容：一是指马克思主义理论在新时期的发展和创新，也就是用发展着的马克思主义来感染人民群众；二是指传播方式的多样化，也就是用贴近生活、贴近群众的话语来阐释马克思主义的教义。

其次，要实现马克思主义时代化。中国共产党始终以马克思主义为指导思想，不断从中汲取科学智慧和理论力量。正如习近平总书记所讲的那样，马克思主义之所以能够成为我们党强大的思想武器，原因就在于"马克思主义能够永葆其美妙之青春，不断探索时代发展提出的新课题、回应人类社会面临的新挑战"。当前，中国处于近代以来最好的发展时期，世界处于百年未有之大变局中，两者同步交织，相互激荡。面临错综复杂的时代问题，我们必须把马克思主义创新同时代特征结合起来，用马克思主义理论创新成果更好地观察时代、解读时代、引领时代。

再次，要推进马克思主义大众化。在我国，人民群众的数量多、范围广，他们的认知水平和知识结构是参差不齐的。如何用人民群众普遍能接受的方式宣传马克思主义，是中国共产党和理论工作者亟须思考的问题。只有了解人民群众的生活方式和语言，才能创作出贴近人民生活、贴近实际的作品。因此，我们必须从实际出发，尊重人民群众在历史发展中的主体地位，考虑到人民群众的特点，用人民群众能够理解、愿意接受的方式来宣传中国特色社会主义理论，"在理论教育中坚持认知与认同的统一，在回归生活世界中坚持融入与引领的统一，在教育功能实现中彰显工具理性与价值理性的统一，在载体运用上坚持显性灌输与隐性教育的统一，在形态转换上实现大众化与中国化、时代化的统一"①，通过多种媒介进行全方位、多层次的宣传，用人民群众喜闻乐见的方式传播马克思主义，发挥人民群众的积极性和主动性，增强马克思主义的实效性。

因此，要想使马克思主义在新时期继续更好地指导中国特色社会主义建设，就必须在坚持马克思主义基本原理的基础上结合中国国情，不断赋予马克思主义鲜明的实践特色、时代特色和民族特色，用本土化的马克思主义切实地指导社会主义实践，即用中国特色社会主义理论来指导我们的实践。

第二节　传承中华优秀传统文化

中华民族的文化心理结构与中华优秀传统文化是紧密联系在一起的。当代中国必须要从本民族文化中找寻自信。只有对本民族的文化进行反思，找出其固有的规律，才能对我们自己民族的心理结构和思维模式有更深刻的认识，才能产生本土化的中国思想、价值观和话语体系。历经5 000多年的历史变迁，中华文明经久不衰、历久弥新。中华优秀传统文化能够为人们认识和改造世界提供有益启迪，也能够为治国理政提供有益借鉴，需要我们深入挖掘，结合时代特点和要求传承与弘扬。

---

① 刘芳，倪鑫. 论马克思主义大众化路径选择的辩证法［J］. 山东社会科学，2011（11）：10.

一、坚定思想自觉：深入阐发文化精髓

思想是行动的先导。当前，对于中华优秀传统文化传承发展工程的建设，或者说中国共产党对中华优秀传统文化的继承、发展问题，学术界一直有不同的声音。要想更好地传承中华优秀传统文化，就必须从学理和认识上弄清楚中华文化的基本构成和重要价值，加强对中华文化精髓的阐释，构建具有特色的思想体系和学术体系。加强对中华文化的理论研究，弄清楚中华文化的历史渊源、发展脉络、基本走向，是传承中华优秀传统文化的前提。

有人认为，当前传承与发展传统文化是"以儒代马"的表现，即用中华传统文化尤其是儒家文化替代马克思主义，在国家治理层面实行"以儒治国"；有人认为，当前社会中诸多道德滑坡、诚信缺失的现象是西方资本主义思想侵蚀的结果，我们应大力复兴中华传统文化；有人认为，当前对中华优秀传统文化的传承与发展实际上是在重拾封建社会的奴性文化，是历史的倒退；还有人指出，现阶段中国共产党传承与发展中华优秀传统文化与"文革"时期的"破四旧"等运动相矛盾，认为中国共产党并没有自始至终地传承中华优秀传统文化。

上述几种观点貌似有据，却经不住推敲。"以儒代马""以儒治国"的观点过于强调儒家思想的地位和作用，动摇了马克思主义的主体地位，割裂了中国马克思主义实践与中华优秀传统文化的内在联系。中华优秀传统文化虽以儒家文化为主体，但不囿于儒家文化。儒家文化的内涵和作用并不能完全代表中华优秀传统文化的内涵和作用。主张全面复兴传统文化的观点看到了西方思潮对我国思

想意识领域的侵蚀和冲击，这是值得肯定的。然而现代社会中出现的诸多不良现象并非全由资本主义思潮冲击引起。全面复兴传统文化并不意味着可以消除当下社会中的种种弊端。过于高估、推崇传统文化在当前的作用和影响是一种文化自负的表现。认为传承、发展中华优秀传统文化是复兴封建社会奴性文化的观点，是对中华优秀传统文化不分青红皂白的全盘否定，对中华优秀传统文化中精华的部分视而不见，这也是不可取的。中华优秀传统文化中有封建主义的思想，也有非封建主义的思想。中华优秀传统文化并不等同于封建奴性文化。我们要对阻碍社会进步的旧思想进行批判，对有利于社会进步的思想进行合理借鉴和运用。无条件地保留传统文化或是反对传统文化，都是失之偏颇的。前述几种观点根本没有客观地分析传统文化的内容、形式甚至内核，没有对传统文化的优劣势做客观的分析，或者从根本上说，没有对传统文化进行真正的认识和反思。

以"文革"为借口，认为中国共产党并未自始至终传承中华优秀传统文化的观点则值得深思。笔者认为，"文革"期间的反传统文化运动是有其历史原因的。早在五四运动时期，李大钊、鲁迅等人就曾提出"反传统、反孔教、反文言"的思想文化革新、文学革命运动。新文化运动也好，"文革"期间的"破四旧"也罢，看似反中国传统文化一浪高过一浪，然而实际上，两者都并非真正的反传统文化。比如，鲁迅在其文章中将传统文化定义为"吃人"，因为"传统道德的具体表现就是礼教，讲'忠'、讲'孝'，讲'尊卑'、讲'身份'。就是这些东西，把人束缚得死死的"[1]。鲁迅用

---

[1] 霍韬晦. 从反传统到回归传统 [M]. 北京：中国人民大学出版社，2010：9.

笔尖将旧势力的血腥赤裸裸地展现给世人看。但我们不能由此就认为鲁迅等人是彻底反传统文化的一代人。因为鲁迅、李大钊等人就是经过传统文化熏陶、教育的一代人。在鲁迅那里,"救国必先救人,救人必先启蒙"。鲁迅对传统文化的批判是想引起国民的注意和反思。正是因为对知识分子、国家兴亡有深厚的感情和期待,所以他在面对封建社会遗留的意识形态时,批判起来才毫不留情。因此,五四运动实际上"并非一般人所说的反传统和追求西方的自由、民主、科学,恰恰相反,它来自传统文化的忧患和担当"①。

"文革"期间出现的问题是我们否定传统文化所接受的深刻教训。"文革"结束后,我们党及时对"文革"时期的历史错误进行了反思。任何一个民族和国家的崛起都离不开本民族文化的发展。我们今天所讲的实现中华民族伟大复兴的中国梦,要在中华优秀传统文化的滋养下一步步进行。中国共产党传承和发展中华优秀传统文化正是因为认识到了这一点。因此,过去的反传统文化同当前中国共产党传承和发展中华优秀传统文化并不矛盾。虽然过去的反传统文化与当下的传承中华优秀传统文化都使用"传统"一词,但两者所侧重的对象和内容完全不同。过去的反传统文化是从阶级性的角度与剥削阶级的传统进行决裂,正如《共产党宣言》中所讲的,"要同传统的观念实行最彻底的决裂"。而当前对中华优秀传统文化的传承是从民族性的角度复兴传统文化,用民族形式的文化更好地阐释中国精神。中国共产党自始至终都是中华优秀传统文化的继承者、创新者和发展者。

当前坚定文化自信首先要做的就是通过理论研究,深刻阐明中

---

① 霍韬晦. 从反传统到回归传统[M]. 北京:中国人民大学出版社,2010:1.

华优秀传统文化对于发展当代中国马克思主义的重要意义，对于建设中国特色社会主义事业的重要意义；通过加强理论研究，着力构建有中国底蕴、中国特色的思想体系、学术体系和话语体系。同时，我们应辩证地看待中华优秀传统文化。当前我们倡导传承中华优秀传统文化，是因为传统文化中有许多不合时宜的落后的思想。我们要学会甄别传统文化中的糟粕与精华，始终保持客观理性的态度对待传统文化，全面把握中华优秀传统文化的内容和层次，进而传承中华优秀传统文化。要通过理论研究，学懂弄通中华优秀传统文化的历史渊源、发展脉络、基本走向及其中蕴含的独特的价值理念，并以此以文化人、以文育人。

 二、提高行动自觉：形成人人传承的社会氛围

"纸上得来终觉浅，绝知此事要躬行。"传承中华优秀传统文化不是一句简单的口号，而是要付诸行动。在科技发展日新月异的今天，科技与传统不可偏废。我们要积极发挥科技优势，大力弘扬中华优秀传统文化，营造人人关注、传承中华优秀传统文化的社会氛围。

首先，将中华优秀传统文化融入国民教育始终。中华优秀传统文化中蕴藏着诸多有价值的思想观念、人文精神、道德规范，是我们增强国民教育效果可资挖掘的资源。我们要结合时代要求，从中华文化资源宝库中提炼题材、获取灵感、汲取养分，加强对中华诗词、音乐、舞蹈、书法、绘画、曲艺、杂技、历史文化纪录片、动画片、出版物等的扶持；做好戏曲振兴工程，推动网络文学、网络音乐、网络剧、微电影的发展，组织创作、生产一批传承中华文化

基因、具有大众亲和力的动画片、纪录片和节目栏目；修订中小学道德与法治、语文、历史等课程教材，推动高校开设中华优秀传统文化必修课，加强中华优秀传统文化相关学科建设，打造中华经典教育课程；等等；通过系列举措将中华优秀传统文化融入启蒙教育、基础教育、职业教育、高等教育、继续教育各领域，依托音乐、戏曲、动画、课程等载体，通过组织文化遗产进校园活动，让青年一代切身感受物质文化遗产所蕴含的价值和魅力。

其次，加强对文化遗产的保护利用。中共十九大指出，要加强文物保护利用和文化遗产保护传承。在过去很长一段时间内，文化遗产的传承停留在保护阶段，文物作用大多表现为教育功能，文物的价值没有得到充分的挖掘、彰显和传承。文物古建筑的保护管理便是如此。当前不少城市虽然已经在规划或进行古城重建，但出现了不同程度的文脉破坏、资金短缺、过度商业化和表象复制等现象。打破思维定式，对文物古建筑进行适度合理的开发，用现代化的方式传播、传承文物古建筑的历史意义和价值，让文物古建筑真正"活起来"，是传承中华优秀传统文化的重要步骤。《威尼斯宪章》说："世世代代人民的历史文物建筑，饱含着从过去的年月传下来的信息，是人民千百年传统的活的见证……"众多文物古建筑对于人们来说不仅是文化载体，也反映了一定的生活方式。在文物保护方面，我们要坚持保护为主、抢救第一、合理利用、加强管理的方针，做好文物保护工作，抢救保护濒危文物，实施馆藏文物修复计划，加强新型城镇化和新农村建设中的文物保护。同时，需要视文物的不同保护级别区别对待。就目前来说，文物保护建筑和控制保护建筑的"活化"利用手段和措施是不同的。有关部门应以控制保护建筑的利用为试点，为文物保护建筑的利用积累经验。文物古建筑的"活化"利用可以适当引入社会资本，但必须以政府为责任主体，不能任由资本发挥作用，以防历史建筑的利用过度商业化。文物古建筑的传承利用形式要不断创新，不仅可以作为公益性的展览馆，也可作为学校、教学楼等。此外，有关部门还要进一步加强对历史文化名城、名镇、名村，历史文化街区，名人故居特色风貌的管理，实施中国传统村落保护工程，做好传统民居、历史建筑、革命文化纪念地、农业遗产、工业遗产保护工作。同时，可规划建设一批国家文化公园，推进地名文化遗产保护，等等。

再次，顺应时代发展，"活化"、传承中华优秀传统文化。我们可通过中华文化新媒体传播工程，综合运用报纸、书刊、电台、电视台、互联网等各类载体，加强对中华优秀传统文化的宣传力度。中华优秀传统文化的生命力在于潜移默化地教化、指引人们，其传承本身是一个动态的实践过程。我们不能把传统文化当作标本封存，也不能扭曲传统文化，使其失真。在传承和发展传统文化的过程中，我们要客观理性地看待传统文化，客观地了解、认识、吸收和合理运用传统文化，不盲目推崇，也不全盘否定，既要同一些落后思想、陈旧观念、愚昧行径进行斗争，也要对中华优秀传统文化进行创造性转化、创新性发展。要找准中华优秀传统文化与现代生活的契合点，增强中华优秀传统文化对现代社会的适应性，实现中华优秀传统文化的现代性转换，进一步推动人民群众文化素养的提高及中华文脉的传承。

以孝文化为例。中华民族历来是礼仪之邦，注重孝道。中国人一直强调"百善孝为先"。从传统意义上说，中国的"孝"体现为顺从、孝顺、赡养父母。中国的孝文化包含赡养的义务，而且这种思想在中国根深蒂固。这也能解释为什么在中国，有儿女的老人去养老院并不是一件体面的事，至少到目前为止还没得到人们的一致认同。过去，我们把以血缘为根基的尊卑长幼秩序视为再正常不过的社会结构和意识形态，然而到了今天，原来那种对父母绝对服从的做法已经与当前时代的发展格格不入了。当我们的观点与父母的观点不一致甚至对立的时候，最好的解决方式不再是对父母的话绝对服从，而是客观地分析产生分歧的原因，在双方都冷静的时候好好沟通一下。当然，类似问题的解决需要父母和子女都有平等沟通交流的素养，也需要子女有独立的人格和担当。如果我们对"孝"有重新的认识，就能够认识到孝顺应该是敬爱父母而不是盲目顺从。这种孝顺既需要物质上的关心，也需要精神上的交流与沟通，因此，尽可能地陪伴及问候，及时了解、体谅、解决父母的忧虑，才是新时期孝顺应有的样子。正如费孝通在《乡土中国》中讲的那般，做子女的得在日常接触中去触摸父母的性格，然后去承他们的欢，方能做到自己的心安。因此，在不同的时期、不同的语境中，我们要区别看待中华优秀传统文化，赋予其适应当代的生命力和新的时代内涵。

当然，传承发展中华优秀传统文化需要用通俗易懂的语言形式表达。这种通俗易懂是建立在有一定思想内容的基础上的。对中华优秀传统文化的传播需要通过通俗易懂的语言和方式提高人民群众的认同度，使人民群众对中华优秀传统文化的认识由知识层面上升到信仰层面，构建人民群众向上向善的价值体系。《中国诗词大会》《中国成语大会》《经典咏流传》《国家宝藏》等文化益智节目的热播都说明，只要形式和内容得当，大众对传统文化的接受和认同度还是很高的。当然，传统文化的传播形式不止于这些节目，传播的内容也应更广泛、深入，切不可为了迎合市场而使传统文化世俗化、庸俗化。对传统文化进行浅层次的传播容易使人忽视传统文化的内在精髓。

只有继承和发展中华优秀传统文化，实现中华优秀传统文化的现代性转换，才能激发中华优秀传统文化的活力，进一步推动人民群众文化素养的提高及中华文脉的传承。因此，新时期中华优秀传统文化不是要因循守旧地传承，而是要在发展中传承。当前，中华优秀传统文化与社会主义市场经济、民主政治、先进文化、社会治理等还需要协调适应。如果我们解决不好这些古为今用的问题，那么中华优秀传统文化的创造性转化、创新性发展就很难实现，中华优秀传统文化的传承体系也就很难构建。

第三节　培育社会主义现代化建设新人

16—17世纪的葡萄牙具有强大的经济基础，但是并没有出现相适应的工业化或者现代化，原因就在于那里没有产生建立在城市基础上的"市民社会"。在《黑格尔法哲学批判》中，马克思提到了"市民社会"。这种"市民社会"是由一群具有个人主义伦理观的自主、自治群体组成的。他们具有一定经济基础上的市民文化，而这是出现"市民社会"及随之而来的现代化的先决条件。在马克思和恩格斯那里，文化是"自然的人化"和"人的本质力量对象化"。文化是与人的本质和人的生产、生活实践紧密联系在一起、不可分割的。

 一、人的现代化是社会主义现代化建设的核心内容

现代化并非一个单向度的经济现代化的问题，并非依靠单纯的

经济手段就能实现，而是一个具有适应现代化发展的社会习俗及人的现代化的问题，是一个包含了人类社会各个方面的综合体。实现现代化既要有一定量变的经济、社会、生态文明数据做基础，也要有作为实践主体的人的质变。因此，在更深层次上，人的现代化，或者说如何才能成为与现代社会相适应的现代人，更应成为人们关注的问题。

美国著名社会学家英格尔斯将文化现代化与人的现代化紧密地结合起来，认为文化现代化的实质是培育和塑造与现代化相适应的现代新人。英格尔斯在《人的现代化》一书中通过描述12个方面的品质和特征大致勾勒出了现代人的形象：① 准备和乐于接受他未经历过的新的生活经验、新的思想观念、新的行为方式。② 准备接受社会的改革和变化。③ 思路广阔，头脑开放，尊重并愿意考虑各方面的不同意见、看法。④ 注重现在与未来，守时惜时。⑤ 强烈的个人效能感，对人和社会的能力充满信心，办事讲求效率。⑥ 计划。⑦ 知识。⑧ 可依赖性和信任感。⑨ 重视专门技术，有愿意根据技术水平高低来领取不同报酬的心理基础。⑩ 乐于让自己及后代选择离开传统所尊敬的职业，对教育的内容和传统智慧敢于挑战。⑪ 相互了解、尊重和自尊。⑫ 了解生产及过程。通过测试和研究，英格尔斯归纳了现代人的性格的四种特征：

第一，乐于接受新的经验、新的观念和新的生活与行动方式，并能够顺应和接受社会的改革；不故步自封，因循守旧。

第二，见多识广，是积极参与各种社会事务和活动的公民。

第三，有鲜明的个人效能感，相信人对自然和社会的改造控制能力。

第四，不受传统思想和习俗的束缚，特别在决定个人事务时，高度独立和自主。①

叶南客在《中国人的现代化》一书中提出了我国"人的现代化"发展指标体系的总体设想。测量因素涉及四个主要生活领域。

"人的现代化"指标体系②

（一）物质生活领域的测量

1. 人口素质情况。

（1）年龄；（2）性别；（3）所属社区（城、镇、乡）；（4）个人健康状况；（5）周围医疗水平、设施条件；（6）对医疗服务的满意程度；（7）对现行医疗保健体制的评价。

2. 生活环境。

（1）家庭居住条件；（2）个人拥有住房状况；（3）是否常搬家；（4）对居住条件的满意程度；（5）对现行住房政策的评价；（6）社区交通环境；（7）个人拥有交通、通信工具情况；（8）对当前交通、通信问题的评价；（9）对现代交通、通信事业重要性的看法。

3. 工作质量。

（1）从事职业情况；（2）自己的职务、级别、所属单位体制；（3）劳动环境（条件）；（4）劳动方式特征；（5）所在社区就业的情况；（6）对自己职业的满意程度；（7）劳动积极性的发挥程度、影响因素；（8）对劳动意义的评价；（9）对企业改革效果的评价。

---

① 阿历克斯·英格尔斯. 人的现代化 [M]. 殷陆君，编译. 成都：四川人民出版社，1985：259-260.

② 叶南客. 中国人的现代化 [M]. 南京：南京出版社，1998：257-261.

4. 生活水平。

（1）个人收入水平；（2）家庭收入水平；（3）对自己收入水平的评价；（4）除主要职业外，有无其他收入来源；（5）消费构成情况；（6）耐用消费品的占有情况；（7）家务社会化程度；（8）对物价政策的看法；（9）对消费政策的看法；（10）对消费市场的满意程度；（11）对服务业质量的评价。

5. 社会福利。

（1）周围社会福利设施和社会保障体制建设的状况；（2）自己是否受惠于福利事业；（3）对企业办福利的看法；（4）对社会发展福利事业的评价；（5）残疾人员对生活状况的满意程度；（6）对社会保障体制改革的看法。

（二）精神生活领域的测量

1. 文化教育。

（1）周围教育设施情况；（2）父母受教育水平；（3）入学机会；（4）自己的文化程度；（5）对当前教育体制、教学质量的评价；（6）业余学习情况；（7）职业教育状况；（8）对自学成才的看法；（9）自己的文化水平和工作的适应情况；（10）对子女受教育的态度。

2. 文体活动。

（1）所处社区拥有文娱设施的情况；（2）个人对文体爱好的选择；（3）闲暇时间的占有量；（4）闲暇时间的分配，是否有计划；（5）对闲暇时间多少的评价；（6）自我评价业余文化生活是否充实；（7）个人喜爱文体活动的目的。

3. 大众传播。

（1）个人、家庭拥有传播媒介（报刊、电视、广播等）的情况；

(2) 自己获得信息的主要传播渠道；(3) 接受传播的机会与时间分配；(4) 对传播内容（新闻类型）的选择；(5) 自己接受传播的主要动机；(6) 对子女接受传播的态度；(7) 对大众传媒具体内容、方式的评价；(8) 对大众传播社会效果的评价；(9) 对文艺作品的爱好程度；(10) 对"信息社会"和"知识经济"的了解和评价。

4. 理想道德。

(1) 生活目标需求层次；(2) 对改善社会风气的态度。(3) 对实现现代化目标的信念；(4) 对传统文化的态度；(5) 幸福的标准；(6) 对社会开放、多元选择的评价；(7) 对社会主义、共产主义的认识和信念；(8) 对中国社会改革的判断和信念；(9) 个人争当先进的意愿（成才观）；(10) 对国家、集体、个人三者利益关系的处理态度；(11) 对社会主义精神文明建设的认识；(12) 对社会公德和职业道德的态度；(13) 时间观念和效能感。

(三) 群体生活领域的测量

1. 婚姻家庭。

(1) 家庭结构；(2) 从居模式（从夫、从妻、从父母、从子女等）；(3) 择偶观念（选择标准、认识、结亲方式）；(4) 理想的结婚年龄；(5) 家庭关系中的权力地位；(6) 对男女平等的态度；(7) 对老人的尊重；(8) 对子女才能、个性发挥的促成；(9) 对离婚以及婚前、婚外性关系的评价；(10) 家务劳动的分担情况；(11) 对子女多少、性别的选择；(12) 对国外家庭模式发展趋势的评价。

2. 邻里和社区环境。

(1) 和周围邻里的交往关系、亲密程度；(2) 参加街道居民活动的情况；(3) 为社区建设做贡献的意愿；(4) 对居委会、村民小组社会功能的评价；（5）对街道办社区服务业的态度。

3. 社交群体。

（1）朋友群体规模；（2）和朋友交往的内容、方式、频率；（3）交往对象类型及其选择倾向；（4）朋友群体对自身行为观念的影响；（5）对改革后人际关系的评价；（6）对社交的满足程度；（7）个人的通信对象、通信范围、通信数量；（8）对社交社会功能的评价；（9）是否有孤独感。

4. 社团、宗教活动。

（1）个人参与非政治组织的情况（类型、数量）；（2）宗教信仰情况；（3）个人参与社团、宗教组织的机会；（4）是否参加过业余爱好的"沙龙"活动；（5）对业余兴趣小组的评价；（6）对社会上社团活动增多的评价。

5. 接触外界。

（1）是否常有出差机会；（2）旅游活动的经历；（3）到外地城市、外省以及出国的情况；（4）是否喜欢外出；（5）外出的动机；（6）对经常出差外地的评价；（7）对当前旅游业发展的态度；（8）对接触陌生人的看法。

（四）政治生活领域的测量

1. 社会阶级、阶层。

（1）自身的阶级、阶层属性；（2）父母的阶级、阶层状况；（3）个人的社会流动经历；（4）对当代社会不同阶级、阶层的评价；（5）对干群关系的评价；（6）社会流动的意愿；（7）对阶级、阶层发展趋势的看法；（8）对知识分子地位的评价。

2. 党派参与。

（1）党派参与情况；（2）社团组织参与状况；（3）家人参与

政治组织的情况；(4) 对入党、入团的看法；(5) 对改进党风的看法。

3. 社会参与。

(1) 对周围社会风气的态度倾向；(2) 对不正之风的抵制程度；(3) 参与企业、单位管理决策的积极程度；(4) 对社会经济改革的态度，参与情况；(5) 参与普选的积极程度；(6) 对民主权利的评价；(7) 对政治体制改革的看法；(8) 参与公共活动的情况；(9) 对国内外政治形势的关心程度。

4. 社会秩序。

(1) 个人与家庭的安全程度；(2) 个人的社会安全意识；(3) 影响个人积极性发挥的因素；(4) 对当前社会上存在越轨行为的看法；(5) 参加社会治安活动的积极程度；(6) 个人对党纪国法的了解程度；(7) 个人遵纪守法情况；(8) 对普法教育的评价；(9) 对"安定团结"社会意义的认识。

（略有改动）

布莱克在《现代化的动力：一个比较史的研究》中指出：理性的态度就是现代化的实质过程。他认为，人的现代化大致有几个表现方面：独立；在价值观念上，态度积极，思想健康向上；积极参与政治生活；乐于接受新思想、新事物；尊重科学、法律；有自尊，同时也能够充分地尊重他人。

因此，实现文化的现代化从最根本上说就是要实现人的现代化。没有人的现代化就没有社会主义文化现代化。人的现代化是人的观念、素质、能力、活动、交往等方面表现出的同现代社会相适应的普遍而深刻的变化，它既包括人的物质生活的改变，也包括人的思想道德素质、科学文化素质、社会心理素质及其他职业素质与现代社会的要求相适应，这也就是深层次的精神文明的建设和塑造。有学者指出，一个人只有实现文化素质的现代化、行为方式的现代化、人生态度的现代化，才能称得上是现代人。人在具有知识的前提下，应从自己已有的认知水平、思维方式、行为模式中解脱出来，转而顺应变化，更加主动、积极、乐观地对待个人、集体和国家的发展。在个人的生活、学习、工作过程中，人要准备好去接受新的思想观念、行为方式，准备好去接受社会日新月异的变化，用开放、包容的理念对待不同的人和事。同时，要有信心、有能力去应对和解决工作、生活中的各种挑战和困扰，能够对社会的弊端进行有效的干预，从而形成更加积极、有效率的文化观。

但是，我们必须清醒地认识到，要使全体人民乃至全人类都实现这种转变，需要经过长期的学习和培养，过程也是极其漫长且复杂的。比如，垃圾分类。2019年，为了实现物尽其用，提高垃圾的资源价值和经济价值，全国多个城市陆续开展垃圾分类活动。截止到2020年，全国首批46个垃圾分类试点城市中，多数城市的垃圾分类工作都在有序开展，北京、上海等市不少小区已成功实现高水平垃圾分类，但不少城市仍存在着厨余垃圾尚待有效分类、社区的垃圾分类不到位等问题。垃圾分类是民生问题，对于每个人来讲，这是一项基本义务。正确进行垃圾分类不仅仅是对生活垃圾进行简单的物理分拣，更是对生活理念、生活方式的一种变革。人们在最初实行垃圾分类的时候可能会有诸多不适应，但从长远来讲，增强垃圾分类意识、培养垃圾分类习惯是可以实现的。再比如，2020年4月，公安部交管局在全国开展"一盔一带"安全守护行动，规定自2020年6月1日起，依法查纠电动自行车驾乘人员不佩戴安全头盔等行为。之所以出台该项规定，是因为电动自行车作为老百姓重要的出行工具，近些年来引发的交通事故在不断增加，而一个合格的安全头盔能在事故发生时降低70%的伤亡率。佩戴头盔对于电动自行车驾乘人员来讲也是一种生活习惯的转变，需要一个适应过程。

二、进一步践行社会主义核心价值观

社会主义核心价值观是当代中国精神的集中体现，凝结着全体人民共同的价值追求。我们要把社会主义核心价值观融入社会发展各方面，转化为情感认同和行为习惯。坚持社会主义核心价值体系是新时代坚持和发展中国特色社会主义的基本方略之一。培育和践行社会主义核心价值观是建设文化强国的战略部署。实现中华民族伟大复兴，建设社会主义现代化强国，需要人们有正确的民族观、国家观、历史观、人生观、价值观。价值观和信念是文化最集中的体现形式。通过培育和践行社会主义核心价值观，人民群众可以充分体会到中华优秀传统文化对个人价值观念、价值取向的规定，自觉生成道德责任感与道德满足感。

首先，加强爱国主义教育。爱国主义是我们民族精神的核心，是中华民族同心同德、自强不息的精神纽带。习近平总书记在纪念五四运动100周年大会上指出："当代中国，爱国主义的本质就是坚持爱国和爱党、爱社会主义高度统一。"当前加强爱国主义教育的主要途径有：通过唱红色歌曲、看红色电影、读红色经典、走红色道路等多种形式全方位、多领域宣传爱国主义教育；充分发挥爱国主义教育基地的作用；持续开展党史、新中国史、改革开放史、社会主义发展史"四史"教育；以实现中华民族伟大复兴为主题，

引导教育人民群众增强"四个意识"、坚定"四个自信"、做到"两个维护",在潜移默化中引导人民群众树立国家意识,增进爱国情感。2020年10月,习近平总书记在纪念中国人民志愿军抗美援朝出国作战70周年大会上指出,抗美援朝战争锻造形成伟大的抗美援朝精神,而这种"伟大抗美援朝精神跨越时空、历久弥新,必须永续传承、世代发扬"。传承发扬伟大抗美援朝精神及其他爱国主义精神,对于激励中国人民克服一切艰难险阻、战胜一切强大敌人,推进新时代中国特色社会主义伟大事业具有重大而深远的意义。

其次,发挥榜样的带动作用。榜样的力量是无穷的。在长期的革命、建设和改革的过程中,各个领域、各个行业涌现出了无数先进个人和集体。从革命战争年代的人民英雄,到祖国建设时期的劳动模范,再到改革发展新时代的先锋榜样、时代楷模,他们铸就起了一座座不朽的精神丰碑。从我们所熟知的董存瑞、焦裕禄、孔繁森,到新时代60多年深藏功名的老兵张富清、将年轻生命献给家乡的村第一书记黄文秀、守岛32年的王继才……还有诸多不为人所熟知的典型,比如,2019年被授予"最美奋斗者"荣誉称号的农民将军甘祖昌、2019年被授予"共和国勋章"的"两弹一星"功勋科学家孙家栋……可以说,从峥嵘岁月到新时代,榜样们的事迹感染人、鼓舞人、带动人,成为可触摸、可感知、可学习的鲜活样本,引领和激励着中华儿女砥砺前行。一个好的榜样就是最好的宣传。

2020年新年伊始,新冠肺炎暴发。这是一场传播速度很快、感染范围很广、防控难度很大的重大突发公共卫生事件,对于党和人民来讲是一次大考。在疫情防控中,许多榜样人物涌现出来。在国家和民族需要的时候，他们冲锋在前，勇于担当，义无反顾地踏上了驰援武汉的征程。钟南山院士是其中的代表之一。2020年1月20日晚，钟南山院士在接受《新闻1+1》的直播连线采访时表示，病毒有人传人的现象，呼吁大家没有特殊情况，不要去武汉，而前一天，他已经去了武汉。在疫情最严重的时期，拥有55年党龄的钟南山院士说："这个时候正是我们党员站出来的时候！"2020年8月，根据十三届全国人民代表大会常务委员会第二十一次会议决定，钟南山被授予"共和国勋章"；张伯礼、张定宇、陈薇被授予"人民英雄"国家荣誉称号。国家以此肯定他们在新冠肺炎疫情斗争中做出的杰出贡献，在全社会弘扬他们忠诚、担当、奉献的崇高品质，强化爱国主义、集体主义教育。习近平总书记说，崇尚英雄才会产生英雄，争做英雄才能英雄辈出。同样，崇尚榜样才会产生榜样，争做榜样才能榜样辈出。我们要高度重视发挥先进典型的榜样引领示范作用，大力学习并宣传时代楷模、最美人物、身边好人的榜样作用，通过宣传短片、人物事迹短片、致敬词、原创文艺节目等，对先进典型进行全方位、立体式宣传报道，增强教育吸引力，在全社会掀起一股向榜样学习的浪潮，用榜样的事迹影响和鼓舞更多的人，带动人民群众以先进典型为镜，反复检视自己、透视自己、激励自己，坚定社会主义共同理想，为实现"两个一百年"奋斗目标、实现中华民族伟大复兴的中国梦贡献力量。

再次，营造良好的人文社会环境。人的生存和发展离不开社会环境。社会环境对人们社会主义核心价值观的树立有重要的影响。我们有着极其璀璨的文化遗产和风俗传统。这些文化遗产和风俗传统既是我们先人生活的历史片段，也是民族精神的传承载体，为中华民族的发展壮大提供了深厚的滋养。但在另一层面，一些根深蒂固的思想和传统也在牢牢束缚着人们，使人们扎根于已有的生产、生活方式不能自拔，同时也在自觉或者不自觉地排斥外来文化。因此，传统文化既是我们走向现代化的历史根基，但是在一定程度上也会成为阻碍我们实现人的现代化的精神重负。国家在对待传统文化的态度上，一直强调传承优秀传统文化。因此，我们要理性地对待传统文化，充分调动学校、社区、企业、家庭、公共文化机构等的积极性和创造性，弘扬优秀传统文化，建立文化宣传和教育的全社会责任机制和利益机制。整个社会协同与配合，形成合力，文化的铸魂作用才能得到更充分、更全面的发挥。此外，培育和践行社会主义核心价值观要从小抓起、从学校抓起。对青少年进行爱国主义教育既是"打底色工程"，也是"铸魂工程"。著名作家冯骥才先生说："一个民族的历史文化不管曾经怎样灿烂辉煌，只有在有文化的后辈中才能发光。"只有青年人认识到文化的魅力并坚定认同、传承文化的时候，才是我们文化真正得到传承的时候。我们要推动爱国主义教育进课堂、进教材、进头脑，引导学生深刻认识历史和人民选择中国共产党、选择马克思主义、选择社会主义、选择改革开放的历史必然性，引导学生厚植爱国主义情怀，热爱和拥护中国共产党，立志听党话、跟党走，立志扎根人民、奉献国家。

人的现代化问题既是一个重大理论命题，也是一个重大实践课题，需要从理论和实践的结合上进行深入探讨。人的现代化程度的高低，直接影响着国家的政治、经济现代化的程度。虽然人们的认知受到年龄结构、教育水平等因素的影响，但人的现代化程度的高低与受教育程度并不一定成正比。高程度的人的现代化，能够赋予国家政治、经济、社会、文化、生态文明等方面真正的活力和意义，能够通过人的思想和行为的转变带来国家现代化的转变。当前，中西方国家制度不同，历史传承和文化传统各异，因而，实现国家现代化的路径也不一样。现代化既有资本主义模式，也有社会主义模式，但是两者在某些方面又有着相通之处，那就是都要实现人民大众的"社会动员"。而现代化在地理上的扩张必然会带来不同国家之间的对立在不同程度上的消除，使国际社会日益成为一个"命运共同体"。正如习近平总书记出席世界经济论坛2017年年会开幕式时演讲的那样："人类已经成为你中有我、我中有你的命运共同体，利益高度融合，彼此相互依存。每个国家都有发展权利，同时都应该在更加广阔的层面考虑自身利益，不能以损害其他国家利益为代价。我们要坚定不移发展开放型世界经济，在开放中分享机会和利益，实现互利共赢。"

人的现代化不是一种绝对的状态，而是相对的。在真正的现代化没有实现之前，我们更多地只能通过各种假说来试图寻求现代化的路径及前景。因此，培育社会主义现代化建设新人不可一蹴而就。正如弗兰西斯·培根在《伟大的复兴》中写的那样，人们不能把社会主义现代化"看作一种意见，而要看作一项事业，并相信我们在这里所做的不是为某一宗派或理论奠定基础，而是为人类的福祉和尊严"。

第四节　深化文化体制机制改革

在我国，文化体制机制改革一直与我国的经济、政治、社会改革相辅相成。在文化体制改革的初步探索阶段（1978—1991年），为了打破艺术表演团体大多由国家统包统管、活力低下的现状，各地普遍开始了承包经营责任制等形式的改革试验，允许多种所有制形式和经营方式，使艺术表演团体能够依法自主地进行业务活动和经营活动,增强自我更新和自我发展能力,并以此充分带动艺术工作者的主动性、积极性。出版发行领域和广播电影电视领域也逐步展开了改革探索。在扩大探索阶段(1992—2002年),在社会主义市场经济的背景下,文化领域得到了快速发展,许多经营性文化事业单位开始走上企业化管理道路,市场的积极作用逐渐发挥,文化产品和服务的经济属性凸显,"文化产业"概念也首次出现在中共中央全会文件中。在全面展开阶段(2003—2012年),党中央统筹全局,提高站位,从整体上制定了文化改革的路线图、时间表和任务书,并选取北京、上海、广东、浙江、重庆、深圳等9个地方及35家单位作为文化体制改革综合试点地区和试点单位,通过试点先行先试,为全面推进文化体制改革积累经验。2013年至今,我国的文化改革进入持续深化阶段,着重处理好社会效益与经济效益、文化意识形态属性和产业属性的关系,更加注重系统性、整体性,从顶层设计方面聚焦文化发展过程中的短板,努力推进基本公共文化服务的均等化等,持续推进文化体制改革。我国必须一鼓作气,继续通过一系列举措解放和发展文化生产力,提高文化生产的效率、效益及文化服务的水平,在不断深化文化体制机制改革中坚定文化自信。具体来说,要健全现代文化产业体系和市场体系,建立新文化业态,为文化自信提供产业支撑;要加强文化基础建设,完善公共文化服务体系,为文化自信提供物质基础;要深入推进文化体制改革,建立健全现代文化市场体系,为文化自信的建立和坚定提供优化环境;等等。

一、发展文化产业和文化事业

中共十六大报告第一次正式区分了"文化事业"和"文化产

业"。中共十八大以来，以习近平同志为核心的党中央高度重视文化建设，提出了一系列新观点、新思想、新要求。只有推动文化事业全面繁荣、文化产业快速发展，才能不断丰富人民的精神世界，增强人民的精神力量，真正增强我国文化整体实力和竞争力。中共十九届五中全会提出，要健全文化产业体系，实现繁荣发展文化事业和文化产业、增强国家文化软实力的目标。当前，人民群众精神文化需求日益旺盛，大力发展文化事业和文化产业已经成为时代的要求和人民的期盼。

文化事业的繁荣是满足人民精神文化需求、保障人民文化权益的基本途径。2020年9月22日，习近平总书记在教育文化卫生体育领域专家代表座谈会上指出，发展文化事业"要坚持为人民服务、为社会主义服务的方向，坚持百花齐放、百家争鸣的方针，全面繁荣新闻出版、广播影视、文学艺术、哲学社会科学事业，着力提升公共文化服务水平，让人民享有更加充实、更为丰富、更高质量的精神文化生活"。

我国的文化产业发展经历了长期的计划经济压制，在改革开放之后逐渐有了新发展、新起色。中共十八大之后，文化产业在完善政策法规、转型升级、人才培养、科技融合等方面有了很大发展：出版、影视、印刷、广播等传统文化行业开始升级发展；现代数字出版产业、移动多媒体产业及动漫游戏产业等文化产业发展迅速；文化产业的规模化、集约化、专业化水平不断提高；文化产业与金融、物流、旅游等产业开始合作，形成融合发展趋势；等等。总体上，我国基本形成了结构合理的现代文化产业体系。

在建设社会主义现代化国家的新征程中，我国文化产业和文化事业的发展要秉持政府、市场、社会三元良性互动、内容为王、因地制宜等原则。文化产业和文化事业的发展，尤其是文化产业的发展可从以下几方面发力：不断推动文化产业结构优化升级，加快培育动漫游戏、创意设计等新型文化业态，推动传统文化产业提升管理服务水平和转型升级；加快数字文化产业发展，培育文化产业发展新亮点；加强文化产业关键共性技术的研发及模式创新；抓住京津冀协同发展、长江经济带发展、粤港澳大湾区建设、长三角一体化发展等区域发展战略，从顶层设计上优化区域文化产业布局；培育健全各类市场主体，培育知名文化品牌；改善消费条件，引导文化消费；鼓励社会资本进入文化产业；等等。我国要一手抓公益性文化事业，一手抓经营性文化产业，两手抓、两手都要硬，探索出一条既保障人民基本文化权益，又最大限度释放文化生产力的新时代文化发展路径。

二、改革公共文化服务体系

加快构建现代公共文化服务体系，推进基本公共文化服务标准化、均等化，保障人民群众基本文化权益，是全面建成小康社会的重要内容，是中国特色社会主义文化发展道路的重要内容，对弘扬社会主义核心价值观、满足人民群众的精神文化需求具有重要作用。党中央一直对现代公共文化服务体系建设十分重视。中共十六大明确指出，要完善政府的社会管理和公共服务职能。中共十六届五中全会提出，要加大政府对文化事业的投入，逐步形成覆盖全社会的比较完备的公共文化服务体系。中共十七大把建设覆盖全社会的公共文化服务体系作为全面建设小康社会的重要目标之一，明确提出要建立公共文化服务体系建设协调机制，促进基本公共文化服务标准化、均等化。中共十七届六中全会提出，加强公共文化服务是实现人民基本文化权益的主要途径。中共十八大提出，到2020年要基本建成公共文化服务体系，提高服务效能。党的十八届三中全会明确将构建现代公共文化服务体系作为全面深化改革的重要任务之一。中共十九大报告则强调，要完善公共文化服务体系，深入实施文化惠民工程，丰富群众性文化活动。这些都表明了，公共文化服务体系建设已成为我国文化发展的重要战略。

公共文化服务建设对于丰富人民群众精神文化生活，传承中华优秀传统文化，弘扬社会主义核心价值观，增强文化自信，促进中国特色社会主义文化繁荣发展，提高全民族文明素质有着重要的作用。为了更好地保障人民群众的基本文化权益，不断提高人民群众的文化素质，改革开放以来，我国不断发展公共文化服务体系，强化公共文化基础设施建设，增加公共文化服务总量，提升公共文化服务效能，建成公共文化服务设施网络，在不断的实践当中逐渐形成了政府主导、社会参与、融合发展、共享共建、以人为本的公共文化服务体系与经验。这对于促进人的全面发展，促进经济、社会、文化协调发展，对于建设社会主义现代化国家有重要意义。

我国的公共文化服务体系虽然取得了很大成就，但是从当前来看，仍旧存在不少短板：我国虽然基本建成了公共文化服务设施全覆盖的基础设施网络体系，但覆盖面和服务能力不足；各级财政虽然不断加大对文化建设的投入，但仍无法满足群众日益增长的文化需求；由于经费和人员等问题，不少公共文化服务设施服务效能不高；公共文化服务资源尚未实现全社会范围内的整合，社会力量参与公共文化服务有限，公共文化服务发展后劲不足；等等。

面对此种现状，《文化部"十三五"时期文化发展改革规划》

中提出,要"构建体现时代发展趋势、符合文化发展规律、具有中国特色的现代公共文化服务体系",并指出我国公共文化服务体系应从以下几方面发力:全面推进基本公共文化服务标准化、均等化;完善公共文化设施网络;加大贫困地区公共文化服务体系建设力度;提高公共文化服务效能;推动公共文化服务社会化发展;全面加强边境地区的文化建设。

 三、健全现代文化市场体系

改革开放以来,市场逐渐成为文化资源配置的重要手段,市场在文化资源配置中的决定性作用也凸显出来。建立健全现代文化市场体系是深化文化体制改革、建设社会主义文化强国、增强国家文化软实力的重要任务。建立健全现代文化市场体系是一项系统工程,既包括建立健全文化产品、文化服务市场,也包括全面发展文化生产要素市场,还包括完善文化市场管理体系。① 中共十八大以来,党中央、国务院就进一步加强和改进文化市场工作做出了一系列重要部署,直接推动了新形势下文化市场管理工作新格局的形成。在这个新格局中,建立健全现代文化市场体系渐渐成为文化市场工作的总体目标。

我国积极发展文化产品和要素市场,着力完善相应的管理体系,初步构建起了统一开放、竞争有序的现代文化市场体系:文化市场结构更加齐全,文化产品更加丰富;资本市场、技术市场、信息市场、人才市场等文化要素市场更加健全;文化市场综合执法更加规范……

---

① 蔡武. 筑牢文化自信之基:中国文化体制改革 40 年 [M]. 广州:广东经济出版社,2017:106.

但仍存在文化产业结构不合理、文化产品竞争力不足、文化人才作用发挥不够等问题。在今后的发展中，要与时俱进地完善顶层设计，坚持一手抓文化繁荣，一手抓文化管理，颁布相关法律、法规约束和规范文化市场的准入及监管；要利用好互联网技术，加强网络文化内容建设，针对不同年龄、不同学历、不同层次的消费者推出差异化的文化产品和服务，完善多层次的文化产品市场；要消除行业壁垒，推动制定完备的政策、法规，为文化发展提供行政保障，构建更加高效的文化要素市场；要加强文化市场信用体系建设，对文化市场进行分级分类管理，定期公布文化市场黑名单，制定文化市场红名单制度；要提高文化市场执法队伍的专业化、规范化水平，进一步增强文化市场综合执法能力；等等。总而言之，我国要打破以往行政化的文化资源配置，建立统一开放、竞争有序、监管有力的现代文化市场体系，推动文化市场更好地满足人民日益增长的美好生活需要。

中共十九届五中全会指出了到2035年建成文化强国的远景目标，其中提出：民生福祉要达到新水平，基本公共服务均等化水平明显提高，全民受教育程度不断提升。面对新形势、新要求，我们要不断完善体系、补全短板，构建具有中国特色的现代公共文化服务体系。有学者指出，改革开放40多年来，"中国文化体制改革从国家战略层面上确立了从外层制度改革进入到核心制度改革的渐进式改革模式，制度创新的进程逐步超越经营制度和人事制度等表层制度的改革，逼近文化产权制度和党政关系、政企关系等核心制度安排"[①]，因此要"借鉴国家监察体制改革的成功经验，推进国家宏观管理体制改革，建立党委意识形态管理与国家公共文化管理相

---

① 傅才武，何王璇.四十年来中国文化体制改革的历史进程与理论反思[J].山东大学学报：哲学社会科学版，2019（2）：43.

融合的综合型国家文化管理职能体系"①,探索设立"国家文化管理委员会",加强对文化体制改革的监管。诚然,文化体制机制改革是一项系统工程,除了包含文化产业和文化事业改革、公共文化服务体系改革和文化市场体系改革外,还包含文化单位的改革、文化行政体制的改革、文化产品创作生产引导体系的改革及中华优秀传统文化传承发展体系的改革,从本质上说,就是要改变计划经济时代下的文化建设模式,转而建立市场经济条件下的文化建设模式,通过不断解放思想、深化实践,逐步彰显文化生产力,使文化上升为社会发展最终决定力量的重要组成部分。

第五节 推动中华文化"走出去"

人类文明史的发展进程说明了一个道理:不同国家、不同民族的文明不是孤立存在的,其在发展过程中多少都会受到其他文明的影响,只是影响程度高低不同罢了。不同的文明在交流互鉴中取长补短,也在这个过程中不断地发展和完善自己。随着我国综合国力的不断增强,中华文化"走出去"的底气更足。中共十九届五中全会指出,要进一步提升中华文化的影响,进一步增强中华民族的凝聚力。在这样的背景下,推动文化大发展大繁荣,推动中华文化"走出去",可谓适逢其时。

一、中华文化"走出去"的中国价值

历经 5 000 多年时间洗礼,中华民族创造出博大精深的璀璨文

---

① 傅才武,何王璇.四十年来中国文化体制改革的历史进程与理论反思[J].山东大学学报:哲学社会科学版,2019(2):54.

化。中华文化在国际社会引起了广泛关注。不可否认的是,中华文化中既有精华,也有糟粕。我们在推动中华文化"走出去"的过程中,要传播好中国声音,讲好中国故事,要以"四个讲清楚"为内容阐释中华文化,让世界了解中国:要讲清楚我国文化发展道路是基于中国历史传统、文化积淀而选择的,适合我国国情;要讲清楚中华文化反映中华民族精神追求,为中华民族发展壮大提供丰厚滋养;要讲清楚优秀的中国传统文化是中华民族的突出优势,是我们最深厚的软实力;要讲清楚中国特色社会主义的历史渊源和广泛基础——植根于中华文化沃土,反映国民意愿,体现时代发展。因此,我们在推动中华文化"走出去"时要加强对当代中国价值的提炼与阐释,有所取舍。

首先,"人民至上""生命至上"的理念。在我国,人民群众的根本利益、意志、愿望体现了社会发展的要求和方向。只有解决人民群众最关心的问题,有的放矢,才能引发人民群众的共鸣,让其发现自身对理论的需要。离开了人民群众劳动实践的理论犹如朽木,没有根基。中华文化的传承是建立在人民群众实践活动的基础上的。中国共产党作为最广大人民群众根本利益的代表,始终以全心全意服务人民群众为宗旨,因此不论政策、法规的制定还是中华文化的创新发展都是紧紧围绕人民群众的根本利益来进行的。中国共产党历来都强调立党为公、执政为民、以人为本等理念,在具体的实践上始终坚持"人民至上""生命至上"。

习近平总书记曾指出,"全面建成小康社会,一个民族都不能少";要"让改革发展成果更多更公平惠及全体人民";要"为保障人民生命安全和身体健康筑牢制度防线";要"加强公共文化产品和服务供给,更好满足人民群众精神文化生活需要";要"坚持以人民为中心的发展思想,切实解决好群众的操心事、烦心事和揪心事"。习近平总书记的类似表述还有很多。事实上,党和国家不仅是这样讲的,也是这么做的。在新冠肺炎疫情蔓延期间,人民生命安全受到严重威胁。党和国家在人民生命和经济利益之间果断选择前者,在全国范围内严控人员流动,延长春节假期,制止人员聚集性活动,决定让全国企业和学校延期开工开学……对此,英国《柳叶刀》发表社论指出:"中国的成功也伴随着巨大的社会和经济代价。中国必须做出艰难的决定,从而在国民健康与经济保护之间获得最佳平衡。"此外,中国在满足国内疫情防控需要的基础上,还想方设法为各国采购防疫物资提供力所能及的支持和便利。

尊重与敬畏每一个生命,这就是我国集中力量办大事的制度优势,这就是我党以人民为中心的执政理念与作为。这种"生命至上、举国同心、舍生忘死、尊重科学、命运与共"的精神值得也应该在全世界范围内宣传。

其次,"人类命运共同体"理念。在我国古代,儒家就宣扬"人人为公""四海之内皆兄弟""大道之行也,天下为公"。"海内存知己,天涯若比邻""直到天头天尽处,不曾私照一人家"等诗句都折射出人们对未来社会的美好憧憬。康有为说:"人人相亲,人人平等,天下为公,是谓大同。"费孝通认为:"各美其美,美人之美,美美与共,天下大同。"从古到今,天下从未出现过"大同"世界,但是这种"天下为公""天下大同"的美好愿景在中华民族代代相传。马克思主义传入中国后,共产主义的崇高理想与古代的"天下大同"理念不谋而合。基于中华传统历史文化的积淀与对时代发展新情况的准确研判,2012 年,中共十八大明确提出,"要倡导人类命运共同体意识,在追求本国利益时兼顾他国合理关切"。之后,习近平总书记在国际、国内各种场合多次提及"人类命运共同体"。"习近平在一系列双边和多边重要外交场合多次强调树立人类命运共同体意识,提出共建中国-东盟命运共同体、中国巴基斯坦命运共同体、亚洲命运共同体、中拉命运共同体、中非命运共同体等,表明同世界各国共同致力于促进世界的和平、稳定、繁荣与进步。在联合国讲坛上,习近平强调要建立平等相待、互商互谅的伙伴关系,营造公道正义、共建共享的安全格局,谋求开放创新、包容互惠的发展前景,促进和而不同、兼收并蓄的文明交流,构筑尊崇自然、绿色发展的生态体系——'五位一体',打造人类命运共同体的总布局和总路径……"①

2017年1月18日,习近平总书记在联合国日内瓦总部发表题为"'共同构建人类命运共同体'——在联合国日内瓦总部的演讲"的演讲时指出,"让和平的薪火代代相传,让发展的动力源源不断,让文明的光芒熠熠生辉,是各国人民的期待,也是我们这一代政治家应有的担当。中国方案是:构建人类命运共同体,实现共赢共享",并系统地阐述了人类命运共同体的理念。"人类命运共同体"理念将"中国梦"与"世界梦"联系了起来,为世界各国共同克服贫富差距、权力失衡、环境污染、人口爆炸等问题提供了合理方案,也越来越得到国际社会的认可。

也就是说,中华文化要从人民群众现实的生产、生活实践中寻求创新点。离开人民群众关心的社会现实问题而空谈社会主义的优越性是不可取的。真正的理论往往都是在人民群众高涨的需求声中

---

① 新华社. 人民日报文章:同心打造人类命运共同体:以习近平同志为总书记的党中央创新外交理念与实践述评[EB/OL]. http://www.xinhuanet.com/world/2016-01/27/c_1117904464.htm.

应运而生的。理论存在的价值在于能够指导人民群众更好地进行实践。没有指导意义的理论对于渴望有科学理论做指导的人民群众来说是没有任何意义的。理论只有在指导人民群众实践的过程中才能彰显其自身价值。

二、中华文化"走出去"的中国表达

中华文化如果仅仅停留在理论层面而脱离了实践，那它就摆脱不了纯粹经院哲学的困扰。中华文化既是民族振兴的精神动力，又是建设社会主义现代化国家的重要基础。对外文化交流的重要目标就是全方位、多渠道地传播中华文化，不断扩大中华文化在世界上的影响力。我们要不断丰富中华文化"走出去"的形式，创新对外话语表达方式和传播渠道，积极开展文明交流互鉴活动。

首先，凸显中华文化"走出去"的民族特色和风格，构建文化对外开放格局。

2012年，由中国中央电视台出品的美食类纪录片《舌尖上的中国》一经播出就引起广泛好评。它用生动而深情的讲述，向全世界展示了中华美食的魅力。2016年，习近平总书记在哲学社会科学工作座谈会上指出，不仅要让世界知道"舌尖上的中国"，还要让世界知道"学术中的中国""理论中的中国""哲学社会科学中的中国"，让世界知道"发展中的中国""开放中的中国""为人类文明做贡献的中国"。

中共十八大以来，越来越多的文学、影视、戏剧等文化精品走向世界：莫言的作品获得诺贝尔文学奖；刘慈欣、曹文轩的作品获得国际文学大奖；《天将雄师》等电影在全球同步热映；京剧《白蛇传》、昆曲《牡丹亭》等受到外国人民的热烈欢迎；《中国好歌曲》被引入英国；等等。

《习近平谈治国理政》以多语种出版发行，在海内外引起了强烈反响，从多个维度将以习近平同志为总书记的党中央的治国理念和执政方略进行了梳理，深刻回答了新的时代条件下党和国家发展的重大理论和现实问题，为世界了解当代中国、寻找中国问题答案提供了窗口。

在文化"走出去"内容的选择性上，我们可从中华优秀传统文化、革命文化、社会主义先进文化入手，让世界更好地了解中国的过去、现在和未来，树立温暖中国、奋进中国、开放中国的世界形象；要在深化对外开放的基础上，构建以民族文化为主体，吸收国外有益文化为辅助的文化对外开放格局，在文化的对外交流中增进合作、直面竞争，在博采众长、海纳百川中绽放中华文化独特魅力，营造"各美其美，美人之美，美美与共，天下大同"的良好文化生态。

其次，坚持"政府统筹、社会参与、官民并举、市场运作"的原则，采取"政府+市场"的双重模式，推动中华文化"走出去"。

从政府层面来看，文化交流更加注重社会效益。政府应积极开展文化外交，以重要外事活动为契机，加强与国际主流媒体、海外华文媒体、重点新闻信息服务平台及社交媒体的合作，利用博鳌亚洲论坛、G20峰会、"一带一路"国际合作高峰论坛等重磅国际性活动做好中华文化的展示与宣传；打造重大对外文化交流品牌，持续提升中华文化的影响力；加大中国文化中心发展力度，实现海外中国文化中心的合理布局；通过举办综合性文化会展、国际文化论坛及文艺演出等形式加强与各国的文化交流与合作。最终通过扩大各类文化活动品牌与交流平台的覆盖面和影响范围，让更多的人了解中国文化、接受中国文化。

从市场角度来看，文化交流更加注重经济效益。政府要通过税收、土地、公共服务等方面的支持，将文化企业培育成文化"走出去"的参与主体；鼓励市场主体以市场化行为参与到中华文化"走出去"中，通过提高内容生产力、培养外向型人才、建立海外分支机构等方式，不断地将中国优秀影视作品、图书出版物、动漫游戏、文化艺术展演等文化内容推向世界，在全球文化市场的格局内找到自身产品的"定位"，以文化"卖出去"带动文化"迈出去"。

"半亩方塘一鉴开，天光云影共徘徊。问渠那得清如许？为有源头活水来。"在不断的交流互鉴中，中华文化博采众长，在比较、对照、批判、吸收、升华的基础上，不断铸造更加符合当代中国和当今世界的发展要求的文化体系。历史证明，中华文化只有在不断的交流互鉴中才能永葆生命力。我们要进一步加强文化输出，讲好中国故事，传播好中国声音，彰显好中国精神，构建更加合理、科学、完备的对外文化战略布局。必须注意的是，在对外交流和传播文化的过程中，要尽量避免重形式而轻实质、重传统而轻现代、重同一性而轻差异性等问题。我们之所以如此强调文化自信，不仅是因为中华民族有着深厚的文化根基，也是因为文化自信的实现有可行性和现实必然性。坚定文化自信是一个循序渐进的过程。对此我们不能冒进，而应进行科学布局和长期规划，以文化为纽带，彰显文化自信在我国政治、经济、社会、文化、生态文明建设中的重要作用。坚定文化自信，就是要自觉树立起更坚强有力、更广泛深入、更持续持久的文化自信；就是要相信，中华民族能够承担起文化传播与融合的重担，为全人类的团结贡献中国方案和中国智慧！

下篇 坚定文化自信的苏州实践

第一章

坚定文化自信之于苏州发展的意义

对城市而言，文化既是实力和形象，也是发展的内生动力和发展导向，决定着城市发展的高度和影响力。当前，文化早已成为苏州的"金名片"，成为促进社会经济发展的"新引擎"。苏州始终坚持传承与创新并举，构建更加合理、科学的文化自信实践体系，致力打造具有苏州标识的文化名片，为自身持续健康发展注入了文化的力量，以高度文化自信打造了一座古韵今风的现代化、国际化城市，生动诠释了文化自信对于城市发展的现实意义和实践价值。

第一节 文化自信对于城市的意义

 一、文化是城市的灵魂、发展的内生动力和有力支撑

习近平总书记明确指出："一个国家、一个民族的强盛，总是以文化兴盛为支撑的。"一座城市亦然。对城市而言，文化既是实力和形象，也是灵魂。

一座城市总有自己的文化，即人们在城市中所创造的物质与精神财富的总和。城市独有的文化个性、文化风格、文化品位是城市

凝聚力和自信的源泉。城市有文化，就必定有精神，即城市所具有的独特气质与抱负。文化滋养着每一座城市，是城市发展永不衰竭的动力。我们既要重视历史文化的传承，又要重视现代文化的蓬勃发展，让历史与现代融为一体，形成每个城市所拥有的独特文化。当城市资源逐渐枯竭时，文化便成为城市最大的不动产，而如何有效协调文化产业与城市的关系，把握好文化城市未来的发展趋势是我们当前面临的重大机遇与挑战。城市精神不是具有宏大叙事的行政精神，而是自下而上的市民精神，因为市民是城市的主体，是城市精神的创造者与践行者。只有让他们广泛地参与城市精神的探讨、提炼与确立的全过程，才能使他们发自内心地认知城市精神，从而形成共同的追求和抱负，并自觉地付诸行动。我们必须尊重城市悠久的历史和深厚的文化，遵循城市及文化的发展规律，充分发挥和利用文化的力量，让文化的灵魂深深在城市中扎根、生长，直至枝繁叶茂。

二、文化是城市的发展导向，决定着城市发展的高度和影响力

十九大报告深刻阐述了文化和文化建设的重要地位与作用，深刻阐明了以什么样的态度和立场对待文化、用什么样的思路和举措发展文化、朝着什么样的方向和目标推进文化建设等重大问题，为我们坚定文化自信、推动社会主义文化繁荣兴盛、创新城市发展指明了方向。文化对于城市来讲是发展导向，决定着城市发展的高度和影响力。文物古建筑、民俗节庆等文化资源在城市发展的进程中成为文旅产业可资挖掘的资源。在此基础上打造文化街区、培育消

费文化，可以为城市经济带来新的增长点。博物馆、图书馆、文体中心等也在一定程度上沉淀着城市的文化底蕴，反哺着城市的发展，为城市的高质量发展提供发展方向。"文化搭台，经济唱戏"是现代城市建设的一种谋略，而"经济搭台，文化唱戏"这样的投入，其回报更丰厚、更长久。一个城市如果拥有文化魅力，就能赢得人们的关注，从而在人才、技术、资金等发展资本的竞争中取胜。

一个城市的辉煌绝不仅仅在于它有多少高楼大厦。城市的发展达到一定经济总量以后，最能代表城市高度的一定不是经济总量，而是文化的高度和文化的影响力。文化是城市独特的印记。历史悠久的吴文化、富有特色的红色文化及繁荣的社会主义先进文化是苏州城市发展的独特优势，铸造了苏州精雅细腻、包容求变的品质，是苏州改革开放先行探索的催化剂和支撑力量。但是，我们也必须清醒地看到，苏州虽有悠久的文化历史，但文化的显示度、标识性、影响力还不够。不少人对苏州的认识仍停留在历史文化名城上。苏州要积极利用好丰富的历史文化资源，将精细、雅致的苏州精神融入城市发展的方方面面，并在此基础上兼收并蓄，吸收、借鉴国内外大城市的发展经验，积极打造"现代国际大都市，美丽幸福新天堂"。

第二节 坚定文化自信之于苏州发展的意义

江苏省委、省政府于1996年就已确立了建设文化大省的目标，2005年又将其纳入"十一五"发展规划。2006年，中共江苏省第十一次代表大会进一步做出了建设文化江苏的战略部署。苏州在1996年就有了"文化苏州"的提法。2001年，苏州召开文化工作会议,提出了建设文化强市、全面塑造"文化苏州"品牌形象的战略目标,是全国最早提出"文化立市"的城市之一。2011年,苏州明确了"十二五"期间文化建设的目标,即把苏州建设成全国一流的文化强市。2016年,苏州市"十三五"规划纲要中提出,要实施文化强市战略,着力打造"世界遗产城市"和"全球创意之都"品牌,加速形成与苏州战略地位相适应、与经济硬实力互为支撑的城市软实力发展体系,着力打造文化苏州。2021年,苏州市"十四五"规划纲要中提出要通过弘扬社会主义核心价值观、激发文化事业活力、推动文化产业高质量发展、厚植苏州特质文化根基及建设世界旅游目的地城市等举措建设崇德向善、文化厚重的文明城市,勾画社会主义现代化强市蓝图。

一、文化自信铸就苏州自信

苏州是中华优秀传统文化的典范城市,是首批国务院公布的历史文化名城,是"世界遗产典范城市"。2004年,在"中国十大最具经济活力城市"评选中,苏州一举拿下了"年度城市大奖",组委会给苏州的颁奖词是:"一座东方水城,让世界读了2 500年。一个现代工业园,用10年时间磨砺出超越传统的利剑。她用古典园林的精巧,布局出现代经济的版图;她用双面绣的绝活,实现了东方与西方的对接。"苏州,一座拥有2 500多年历史的古城,历经岁月沧桑,"水陆并行,河街相邻"的双棋盘格局基本不变,"三纵三横一环"的河道水系、"小桥流水人家"的水乡风貌基本保持。提到苏州,"上有天堂,下有苏杭",这句话深入人心,经久不衰。很多人会想起诗人笔下的"君到姑苏见,人家尽枕河""姑苏城外寒山寺，夜半钟声到客船"；会想起古巷、古街、古桥，以及数量众多的苏州园林；会想起精美绝伦的苏绣、"水磨腔"的昆曲、江南巧匠手下的"香山帮"传奇……在很多人的印象中，苏州是一座文化底蕴深厚的历史文化名城。可以说，人们因文化而认识苏州，进而了解苏州。

苏州地理位置优越、自然环境适宜、社会环境相对稳定，这为苏州文化的产生和发展提供了良好的条件。

（1）历史悠久的农耕文化。与国内其他地区相比，苏州的水乡风貌十分典型。"天下之利，莫大于水田。水田之美，无过于苏州。"苏州自古以来就种植水稻。在春秋战国时期，吴地区的水稻种植已形成规模；在隋唐时期，精耕细作的种植方式替代了火耕水耨，加之龙骨车、曲辕犁等农具的出现和使用，大大提高了农业生产水平；在宋代时期，曲辕犁和水轮的广泛应用大大提高了农田产量，故当时民间有着"苏常（州）熟，天下足"一说。除了农具的不断演进和发展外，吴地区的农学传统也逐渐形成，不但出现了陆龟蒙、陆羽、陈甫等众多的农学家，而且产生了专门的农具著作《耒耜经》——这是我国最早的农具专著。

（2）传统的水乡妇女服饰。水乡妇女服饰是吴地区稻作农业的产物，被誉为"水乡文化的活化石"。2006年6月，甪直水乡妇女服饰被列为第一批国家级非物质文化遗产。水乡妇女服饰根据劳作的需要，运用带饰、刺绣等多种工艺，在肩膀、肘部、袖口、膝盖等易磨损处进行拼接。服饰色彩艳丽，既有观赏性，又有实用性。水乡妇女服饰很能体现刺绣的应用，在包头巾、作裙、束腰、拼裆裤、肚兜、卷膀和绣花鞋上多有梅花、牡丹、鱼、花鸟等象征吉祥的图案。水乡妇女服饰还可以随着季节、年龄的变化不断调整、变更，极具当地特色。水乡妇女服饰不仅是单纯的服饰，它还是工艺品。服饰中运用的刺绣工艺是苏州精益求精工匠精神的物化表现。

（3）人才辈出的大家效应。苏州自古人杰地灵，人才辈出：开魏晋文学一代风气的文学理论家、诗人陆机，宋代文学革新运动的先导范仲淹，中国古代田园诗的集大成者范成大，明代文学的第一个高峰高启，倡导个性解放的唐寅和文徵明，明代"前七子"之一徐祯卿，"唐宋派"中的"另类"归有光，"后七子"领袖王世贞，市民文学兴起时的文学大家冯梦龙，清代散文家代表顾炎武，被忽略的奇才洪亮吉，灵性诗人赵翼，文学批判的高峰金圣叹与毛氏父子……在苏州数量众多的古镇中，这种重教尚文、人才辈出的现象也是层出不穷。吴中区的甪直镇，一个"地以人重，地以人著"的地方，仅在宋、明、清三个朝代，就产生了62名进士、53名举人。吴江区的震泽镇，前后共出过15名进士、22名举人、38名贡生。宋代曾有儒林三贤（王蘋、陈长方、杨邦弼），清代则有天文历算学家王锡阐，近现代则有中国科学院院士杨嘉墀、昆剧表演艺术家蔡正仁等。这种崇文重教的社会氛围影响了一代又一代苏州人。

优秀传统文化传承熠熠生辉，经济发展日新月异引人瞩目。今天的苏州，既传承着千年岁月积淀的灿烂文化，又谱写着一个现代化、国际化城市的新乐章，以熔古铸今的发展姿态赢得世界青睐。这样的发展实力的力量源泉无不得益于文化精神的涵养。在马克思、恩格斯那里，文化是"自然的人化"和"人的本质力量对象化"。苏州文化不仅体现在客观的物质发展层面，也集中体现在其对苏州人心理和行为、价值观点与思想素质的影响上。苏州文化作为一种区域文化，具有独特的地域特色。其所蕴含的"精雕细琢、精益求精"的工匠精神同苏州历史文化一起，见证了苏州从一座江南水乡小城，到现代化国际都市的精彩蜕变。

 二、文化自信引领苏州转型发展

很多人对苏州的认识仍停留在"历史悠久的文化古城"或改革开放之初的"苏南模式"上，却不曾知晓，改革开放以来，尤其是中共十八大以来，苏州发展迅速。2020年上半年，苏州实现规模以上工业总产值1.55万亿元，成功超越上海和深圳，成为全国第一大工业城市，综合实力连续多年稳居全国地级市第一。苏州拥有发达的县域经济，昆山、张家港、常熟、太仓等县级市长期稳居"全国百强县"前十。苏州成为江苏乃至中国改革开放成功实践的一个生动缩影。面对世界百年未有之大变局，在思想再解放、开放再出发、目标再攀高的关键期，打造最具苏州标识的文化品牌，构筑文化新高地，让文化为城市发展赋能，对苏州从文化资源大市走向文化产业强市，使苏州文化软实力领跑江苏、引领全国，有重要的理论意义和实践价值。苏州要实现高质量发展，离不开文化的引领，离不开文化的现代化和国际化。

以文化自信引领苏州转型发展，要注重对文化资源的传承。苏州是一座文化底蕴深厚的历史文化名城，随着中原文化南下和吴楚文化的不断北进，沉淀出了崇文重教、开放包容、温和内敛、精细雅致的苏州文脉。首先，苏州文化资源的传承不能仅仅依靠政府的政策和财力支持，需要更多的社会资本进入。通过社会资本的引入，苏州不仅可以缓解地方政府的财政压力，还可以通过多方渠道引入资金、高科技、高层次人才等，为城市的持续发展提供保障。其次，地域性的传统文化资源需要进行甄别、挖掘、开发。苏州的文化资源颇多，但并不是每一个传统文化资源都要进行挖掘和开发。一些内涵并不突出、文化古迹消磨殆尽的资源可暂且搁置。再次，文化传承既要注重社会效益，也要注重经济效益。一般来讲，人们谈到文化传承，更多的是从社会效益层面强调其重要性，但城市发展过程中的文化传承则要强调社会效益和经济效益的统一。

以文化自信引领苏州转型发展，要注重文化对文化事业和文化产业的促进。丰富的传统文化资源是苏州宝贵的财富。在传统文化资源的基础上，苏州可以根据自身实际打造具有文化底蕴的旅游品牌和文化产业品牌，在更高层次上提升当地文旅产业的质量和档次，为游客提供有文化气息的旅游服务。而基于苏州文化衍生发展的文创产业，可以有效地推动城市产业结构由工业主导向第三产业主导转化，加快实现城市经济结构的转型升级。

以文化自信引领苏州转型发展，要注重文化对城市居民的教化涵养功能。苏州悠久的历史文化是有一定深度、内涵和价值的，在人民群众的日常生活中发挥了举足轻重的作用。而苏州从古到今延续下来的民风、文风，就是苏州人民不断提升文化素养、创新发展、勇往直前的内在动力。

当前，苏州处于高质量发展的关键时期，文化对于苏州发展更具有深远的历史意义和重大的现实意义。苏州应积极提升文化形象、影响力和传播力，传播"苏州故事""苏州声音"，打造文化高地，让文化现代化加快变成现实模样。

第二章

苏州打造古韵今风现代化、国际化城市的文化基础

文化总是在特定的时空条件下生成和发展的，具有很强的地域性。地理条件是地域文化形成的重要条件。不同文化因素或文化综合现象在时间上、空间上的分布界线就是文化边界。工商性质的江南文化尊崇个人才情和自由的主体精神、崇文重教而人文荟萃的社会氛围、言利重约和诚信双赢的商业伦理、习艺求名而精益求精的工匠情怀……这些文化基因都是今天我们教化社会、弘扬社会主义核心价值观可资挖掘的历史资源。苏州文化是苏州人创造的一切物质文明和精神文明成果。苏州作为江南文化的中心城市之一，自古文化资源丰富。苏州文化作为一种区域文化，有其独有的地域特色。

第一节　优秀传统吴文化是苏州文化自信的历史之源

苏州历史悠久，文化源远流长。史料表明，苏州历史文化的源头是旧石器时代的三山文化。新石器时代太湖地区的文化可以依次分为马家浜文化、崧泽文化、良渚文化。在良渚文化时期，苏州地区的文化有着相当高的发展水平。这一时期的农业生产发展迅速，居民也掌握了人工灌溉技术。手工业从农业中分离出来，形成了独

立的生产部门。陶器生产已有相当高的工艺水平。除此之外，氏族制度濒临崩溃，社会发展即将进入以吴文化为代表的新时期。

在苏州地域产生的原生文化反映了中华文化多元一体的历史事实，但中原文化高地对周边相对的文化低地有着辐射影响。苏州地域的传统文化不断丰富和发展，逐渐形成重教崇文、开放包容、温和内敛、精细雅致的文化特色，成为苏州坚定文化自信的独特优势。

一、春秋战国至五代时期的文化交替

《史记·吴太伯世家》中记载："吴太伯、太伯弟仲雍，皆周太王之子，而王季历之兄也。季历贤，而有圣子昌，太王欲立季历以及昌，于是太伯、仲雍二人乃奔荆蛮，文身断发，示不可用，以避季历。季历果立，是为王季，而昌为文王。太伯之奔荆蛮，自号勾吴，荆蛮义之，从而归之千余家，立为吴太伯。"这讲的就是商代末年，中原周太王的公子太伯和二弟仲雍为了让位给更具治国才能的小弟季历，带着部分族人远走高飞。他们从陕西西部出发，一路跋山涉水，披荆斩棘，辗转迁徙，最后定居当时尚属蛮夷之地的太湖之畔，与当地土著部族相结合。太伯成为部落的首领，自号"勾吴"。这标志着吴文化的诞生，也是苏州称为"吴"的由来。

从吴文化的起源可以看出，"吴文化"是由太伯带来的中原文化和土著文化相结合而生成的。它就像一个混血儿，其本身就是黄河文明与长江文明的结晶。由于不同文化之间的交流融合，吴地的面貌渐渐发生改变。太伯、仲雍为吴地带来了先进的农业生产技术和管理经验，使吴地一改落后的荒凉绵薄，发生了"数年之间，民人殷富"

的变化。太伯和仲雍还将周族的文化传播到了吴地，使吴地的生活习俗也发生了改变——"太伯君吴，端垂衣裳，以治周礼""太伯教吴冠带"，吴地人逐渐改变了不穿衣服、不戴冠帽的习俗。

其实在很长一段时间内，吴国的历史并不清晰。春秋后期，吴王诸樊迁都于今日的苏州。公元前514年，吴王阖闾任命伍子胥修筑阖闾大城，"阖闾城"也成为苏州古城的代名词。在这个时期，太伯兄弟主动让位的"温良恭俭让"精神，经孔子宣扬，为后人所传颂，成为后人尊崇的道德楷模，也成为吴文化的一个内在基因。季札凭借高尚的品德和深厚的文化素养得到后人的高度肯定，成为吴文化中的重要内容。言偃十分注重对礼学的研究，认为礼学的根本是学会做人，用人贵在德，他倡办教育、教化民众，在江南地区影响广泛……

吴国灭亡之后，吴地先后经历了越国、楚国统治，直至秦始皇统一六国。吴地文化也在朝代的更迭中不断演化。六朝以前，吴地以民风强悍、尚武轻死而著称。秦汉至六朝时期，苏州历经数百年发展，逐渐成为全国最为富庶的地区之一。六朝时期士族的大规模南迁，使得南北文化的频繁交流出现高峰。文学兴盛起来，佛教得到了迅速发展，苏州的社会风俗也发生了深刻变化。六朝以后，吴地的文化面貌转而走向趋文崇儒，这里也涌现出许多文化士族，最终成为人才汇聚之地。

 二、隋唐宋元时期的文化积淀

如果说秦汉至六朝时期是苏州地区文化发展的起步和崛起阶段，那么隋至元时期便是其积淀、承前启后的重要阶段。

随着大运河的开通及南北经济文化交流的日益频繁,包括苏州在内的江南地区人口不断增加,经济得到快速发展,迅速成为全国重要的经济中心。处于苏州西北的枫桥,经济繁荣,是大运河的重要枢纽。途经此地的商人、旅客络绎不绝。富庶的生活、优美的水乡环境吸引了大批文人。

由隋至唐,江南一带战乱较少,社会相对安定,农业和手工业得到很大发展,商业兴盛。唐朝时期的苏州地区不乏著名的文人墨客。唐代中期,苏州阊门至枫桥一带,行商云集,十分繁华。白居易曾描写过隋唐时期苏州的繁华,"当今国用多出江南,江南诸州,苏最为大"。

两宋时期,苏州的农业和手工业得到进一步发展,商业也更加繁华,苏州刺绣已被应用到百姓的服饰中。书院大量设立,崇文重教蔚然成风。尤其是北宋政治家、文学家范仲淹创立州学后,苏州地区文风大振,培养出一大批人才。

到了元代,在蒙古人的统治下,苏州地区的文脉在隐逸中向前发展。当时汉族知识分子的仕途不通,许多文人便转入民间市井,元曲也因此得到快速发展,空前繁荣。可以说,随着隋唐以后中国经济重心南移,江南的地位日益重要。相应地,吴地文化发生了明显的转型,民风也由勇武刚烈转为温文儒雅。

三、明清时期的文化鼎盛

明清时期苏州地区文化鼎盛,成为全国名副其实的文化重心,也是中国对外经济文化交流的重要基地。明朝初年,航海家郑和从太仓浏河出发,历经30多个国家,极大地促进了亚非经济文化的交流。明清时期的苏州府有"天下名郡"称号,经济繁荣,文化昌盛。曹雪芹曾在《红楼梦》中写道:"最是红尘中一二等富贵风流之地。"这描述的就是当时苏州的繁华景象。

随着商品经济的不断发展,从事手工业生产的机工、织工、染工大量出现,工匠和商人的地位也在不断提高。伴随着人们生活水平的提高,社会风气逐渐发生改变。不论王公贵胄还是普通百姓,在饮食、服饰乃至丧葬嫁娶方面都越来越讲究。日常使用器物越来越精细,工艺技术日趋高超,风靡全国。这一时期的苏州,苏绣、缂丝、玉雕、园林、桃花坞木刻年画、香山帮传统建筑营造技艺等享誉天下。而后,苏州涌现出不少理学名臣。他们以清明廉正、教化乡里、推行儒学为己任,如汤斌将石湖之滨的五通神像焚烧,禁绝五通神祠,以求对当时的社会风俗进行整顿和引导。

此外,明清时代苏州人才聚集的程度是全国其他地方无法比拟的。明清时期涌现出众多诗人和才子:"吴中四才子"文徵明、唐寅、祝允明和徐祯卿,"唐宋派"代表归有光,倡导"天下兴亡,匹夫有责"的顾炎武,文学大家冯梦龙……此外,在建筑设计、天文、数学、医学等领域,苏州都有杰出的代表人物。苏州还是有名的状元之乡,仅清代就有 20 多名状元。

四、近代以来苏州文化的转型

近代以来,随着苏州开埠,工商业得到长足发展,城乡社会发生了日趋明显的变化。但由于太平军与清军的反复斗争,繁华的苏州遭到空前破坏,千百年积淀的经济文化底蕴遭到冲击。甲午战争之后，不少知识分子开始积极学习、引进西方近代科学技术，对西方的数学、生物、医学、天文等自然科学知识进行翻译，极大地提高了苏州地区人们的科学素养。同时，全国救亡图存的呼声此起彼伏。以官学为主导的教育体系无法满足近代社会变迁的需要，于是新式教育开始兴起，各地广设学堂。至辛亥革命爆发，苏州地区有新式学堂120多所。近代的苏州教育尤其以女学发展最为突出。这种女子入学接受教育的模式对当时"男尊女卑"的旧习俗产生了冲击。新式学堂尤其是女学堂的开设，培养了一批接受西方系统教育的女学生，也培养了一批批新式人才。随着西方近代科学技术、教育观点的引入，民众的生产、生活方式发生了改变，人们的思想观念也开始转型。

在崇文重教的氛围下，人才辈出成为苏州的一种历史现象。思想家、文学家、戏曲家、书画家等不断涌现，分布在文化的各个领域。因此，有人说苏州的文化是人才辈出的"状元文化"。

苏州园林以私家园林为主。造园手法灵活多变，园中有园，曲径通幽，宛若天开。苏州园林极具人文气息，体现了园林主人不同的生活志趣和理论修养。因此，有人认为，苏州文化是叠山理水的"园林文化"。

在苏州文化的产生和发展过程中，苏州的水乡地理环境产生了深刻影响，因此，有人认为苏州文化是水乡泽国的"水文化"，也有人认为苏州文化是"水文化+鱼文化+稻文化+蚕桑文化+船文化"……

苏州的传统文化底蕴深厚、内涵丰富，不仅综合实力强大，而且文化门类齐全，从古至今，在一脉相承中不断发展。重教崇文、开放包容、温和内敛、精细雅致的苏州文化特色的形成过程就是新的苏州文脉的传承过程。苏州自古以技艺百工、能工巧匠多而著称，园林、绘画、丝织、刺绣、玉雕、漆器、家具等"苏作"承载着独特的文化韵味。我们暂且将苏州文化理解为一种崇尚工匠精神的"苏作文化"。但不论如何界定苏州传统文化，我们都必须承认，苏州传统文化底蕴深厚，不仅体现于物化形态的文化产品上，还体现于在文化滋养下形成的文化心理上。苏州传统文化造就了苏州崇文重教的社会氛围，演变为城市文化，直接影响着城市精神和城市发展品质。这是苏州的突出优势、独特优势，是苏州最深厚的软实力。苏州传统文化不仅博大精深，富有永恒魅力，而且蕴含包容互鉴、历久弥新的鲜明特色，为苏州打造古韵今风现代化、国际化城市奠定了坚实根基，也是苏州文化自信的源头。此外，在长期的历史发展进程中，苏州传统文化的发展呈现出极强的包容性和开放性，为中华民族文化增添了靓丽的色彩。

第二节 具有苏州特色的红色文化是苏州文化自信的力量之源

革命文化是近代以来党和人民在抗击列强侵略、争取国家独立和民族解放的伟大斗争中孕育而成的革命精神和革命传统，是中华民族宝贵的精神财富，指引党和人民不断朝前发展。苏州历史上不缺为民担当、为民奋斗的精神。在近百年革命奋斗史中，四座精神丰碑成为苏州红色革命文化的典型代表。

一、救亡图存的苏州先驱：五四运动前后的革命探索

近代苏州的历史是一部革命先驱者前仆后继的奋斗史、革命

史。近代以来，鸦片战争和太平天国运动对苏州产生了冲击，苏州遭受了前所未有的浩劫。随着通商口岸的开放及近代工商业的发展，苏州的社会面貌发生了很大的改变。

面对苦难深重的民族和社会危机，苏州一批批仁人志士挺身而出，率先走上了探索救国救民的革命之路。在晚清时期，苏州涌现出"中国维新第一导师"翁同龢、最早提出"中体西用"思想的冯桂芬、我国历史上首位报刊政论家王韬、我国钢铁冶金界先驱李维格、我国新文学运动的先驱黄摩西、"南社"的早期成员包天笑等人物。1909年，吴江人柳亚子、陈去病等在山塘街上发起成立文学社团"南社"，反对清王朝的种族压迫和专制统治，以大量的文学活动为辛亥革命的发生做舆论准备。在这一时期，苏州人民的反帝爱国运动和农民斗争此起彼伏，推动着资产阶级民主革命的发展。五四运动前夕，苏州有志之士积极传播以马克思主义为主要内容的新思想、新文化，不停地探索苏州革命事业的道路。

在苏州的革命活动中，有许多优秀共产党人曾在苏州留下不可磨灭的印记。中国共产党成立之后，革命家恽代英先后多次到苏州传播马克思主义，领导发动革命运动。1923年10月，恽代英到苏州参加少年中国学会年会活动。少年中国学会会员大多直接参加过五四运动，对五四运动的发展起到了重要推动作用。这次年会通过的恽代英起草的《少年中国学会苏州大会宣言》中明确指出，学会的纲领为"反对帝国主义的侵略""提倡民族性的教育"等。这对当时青年思想的影响颇大。之后，恽代英多次到苏州进行演讲，传播革命思想。

五四运动爆发后，在外地读书的很多常熟籍爱国学生返回常熟，在当时的县立图书馆召开首次学生代表大会，成立了"中华民国学生联合会常熟支会"。大会号召开展反帝爱国活动,揭开了常熟人民反帝反封建斗争的历史。苏州省立一师(苏州中学前身)的进步青年组织"人社"则利用陈独秀提供的《新青年》《觉悟》《共产党宣言》等革命书刊,通过出售、出借的方式传播马克思主义,为苏州革命事业的发展储备了一批进步知识分子。1921年,"人社"骨干同东吴大学的进步学生一起在潘儒小学开办工人夜校,进行马克思主义启蒙教育,促进了苏州工人运动与马克思主义的结合。

1925年五卅惨案发生后,受恽代英、侯绍裘派遣,姜长林从上海赶到苏州,与乐益女中教师(中共党员)叶天底、苏州学生联合会主席(苏州工专学生)秦邦宪、博文中学教师(社会主义青年团团员)许金元等取得联系,发动苏州人民支援上海人民的反帝爱国斗争。当时苏州各界声援上海的声势不断扩大,苏州人民也在这个过程中经历了一次革命斗争的洗礼。

二、建党精神的苏州体现:中共苏州独立支部的建立

苏州是国民党反动派、日本帝国主义侵略者势力最为集中的地区之一。苏州人民在党的领导下,与敌人进行了百折不挠的抗争。

1925年5月,苏州经上级党组织批准成立党支部,但由于力量不足,苏州党支部迟迟未能建立。同年8月,侯绍裘应邀到苏州乐益女中任校务主任。同时,中共上海区委派遣张闻天到苏州,与侯绍裘一起组建苏州党支部。侯绍裘、张闻天到达苏州后,与已在乐益女中任教的叶天底一起,在校内秘密组建中共苏州独立支部。

1925年9月，苏州第一个中共组织——中共苏州独立支部建立，叶天底任支部书记，张闻天负责宣传，侯绍裘任委员。侯绍裘是中共苏州独立支部创建的关键人物，是苏州建党的先驱。

中共苏州独立支部从诞生之日起就为实现人民解放、社会安定而不懈奋斗。中共苏州独立支部成立后迅速展开了革命运动：通过演讲会、撰写论文、传播进步书籍等大力宣传马克思主义和民主革命思想；以乐益女中为阵地，到工厂和学校宣传，积极发展党团员；帮助组建了国民党苏州市党部，成立了苏州各界妇女联合会、平民教育促进会等进步性群众组织，多渠道、多阵地开展反帝反封建斗争。在这一时期，苏州大地上出现了一幕幕可歌可泣的画卷，涌现出一批又一批优秀共产党员：为党捐躯第一人汪伯乐；不愿跪着生，情愿站着死的叶天底；不惜身死为革命的许金元；要从红色血泊中找光明道路的吴江女杰张应春；常熟农民运动领导人谢恺；张家港农民暴动领导人茅学勤……他们都为革命献出了宝贵的生命。

抗日战争爆发后，在民族危难的紧急关头，苏州人民同全国人民一样，在共产党的领导下英勇抗敌。苏州大地先后出现武抗、民抗、江抗等抗日组织，涌现了江抗重要领导人何克希、常熟民抗司令任天石等优秀领导者。后来武抗、民抗先后加入江抗，抗日部队最多时达5 000人，抗日的烽火燃遍苏州大地。党的许多优秀儿女在这片土地上洒下了热血。为支援抗日全局，苏州人民向部队输送了大批年轻干部和武装人员，组织供应了大量的战略物资和经费，为抗日战争的胜利做出了巨大贡献！

三、抗战精神的苏州符号：军民鱼水情深"沙家浜精神"

沙家浜"军民鱼水情"是苏州革命史上又一座共产党人的精神丰碑。1939年5月，叶飞率领江抗自茅山根据地出发向东开辟新区，抵达常熟后与民抗、新六梯团会师。但因受到国民党第三战区部队的攻击，江抗主力奉命做战略转移，于1939年秋天西撤。当时，36名重伤病员无法随部队行动，便留在了阳澄湖地区的江抗后方医院进行治疗。

当时江抗后方医院条件十分艰苦，算不上真正的医院。条件好的时候，老百姓的厨房、牛棚、猪圈等就是病房，门板就是病床；条件恶劣的时候，病员们只能缩在渔船上，游荡在阳澄湖上。当时碘酒、纱布等医疗用品十分缺乏。在敌人的重重封锁下，留下来的重伤病员生命垂危。在这种艰苦卓绝的情况下，当地人民与伤病员血肉相连。在"自然屏障"芦苇荡的保护下，常熟地方党组织和当地百姓用生命为伤病员打掩护，保证医务人员的流动治疗。伤病员在养伤、修整及坚持和敌人做斗争的过程中与人民群众鱼水情深。不久后，伤愈的江抗人员与留守的地方党组织在常熟横泾乡（后改名为沙家浜镇）东土地堂重新组建新江抗。新江抗成立之初，人员匮乏，缺乏武器、弹药，没有通信设备，没有作战地图……

新江抗在成立的第二天，就在横泾北桥附近打了一次伏击战，伏击了下乡抢粮的日军，赢得了首战胜利。当时战斗打响后，不少老百姓都积极为部队送干粮、茶水，准备抢救伤员。新江抗紧紧依靠地方党组织和当地百姓的支持，团结更多的人加入抗战队伍，收编了几支地方武装。1940年年初，组建不到三个月的新江抗已发展到4个连队,成为总兵力达400人的武装部队。同年4月,抗日武装吸引了许多农民参加,还有上海地下党组织输送的大批工人、职员和学生加入,大大增强了抗战力量。1941年3月,新江抗整编为新四军六师十八旅的时候,部队已经发展到4 600多人。

谭震林在《东路一年》中指出,虽然新江抗队伍是由30多名伤愈人员组成的,但是它有着钢铁般的意志,有着火山般的战斗热情;在全体同志努力奋斗之下,在千万民众热烈的爱戴下,它渡过了难关,克服了困难,在不断的进攻和还击中成长起来了。在地方党组织和广大人民群众的支持下,新江抗与敌人进行了殊死的拼杀,为创建苏南东路抗日根据地奠定了基础。

血战沙家浜、激战阳沟娄、伏击八字桥、夜袭浒墅关、奇袭虹桥机场……沙家浜地区的革命斗争史就是一部军民并肩英勇抗敌的历史。军民形成了鱼水情深、共同团结抗日的"沙家浜精神"。"沙家浜精神"不仅体现了军民之间的深厚感情,还是常熟人民的精神财富,更是苏州宝贵的红色文化资源。

四、改革开放精神的苏州彰显:苏州"三大法宝"

中共十一届三中全会以来,苏州党员干部坚定贯彻改革开放政策,带领群众上下一心,开拓发展新路。从20世纪70年代起,苏州通过大力发展乡镇企业,迅速走在全国的前列,并探索出农村工业化、城市化的"苏南模式"。随着改革开放的深入推进,苏州人勇闯天下。继乡镇企业异军突起后,苏州又呈现出外向型经济异军突起的局面。苏州凭借争分夺秒的"拼"、千方百计的"闯"、和谐相容的"融",创造了令人瞩目的苏州发展奇迹。1978年到2020

年,苏州地区生产总值从31.95亿元增长到20 170.5亿元,人均地区生产总值从634元增长到6.25万元,城镇居民人均可支配收入由400元不到提高到7.07万元,农村居民人均可支配收入由200元不到提高到3.75万元。

苏州之所以能成为今日之苏州,最大的成就不仅仅在于经济数据,更在于广大干部群众在敢闯敢试、你追我赶的火热实践中形成了最可贵的精神力量。① 这种精神力量就是苏州"三大法宝"。

在改革开放的进程中,苏州各市、区不甘落后、你追我赶,在实践中形成了很多新思想、新模式和新经验。苏州在总结这些做法和经验的基础上,把"张家港精神""昆山之路""园区经验"统称为苏州"三大法宝",将其作为改革开放时代苏州党员干部共同的精神符号,作为新时代苏州党员干部共同的精神遵循和精神指引。

(一) 苏州"三大法宝"的发展历程

张家港是苏州所辖县级市,是全国闻名的港口工业城市,居于全国百强县前三名。然而最初,张家港是一个交通闭塞、经济落后的小县城。之所以说最初的张家港交通闭塞、经济落后,是因为张家港距离上海、南京等大城市较远,无法直接享受大城市的经济辐射作用,且没有航空线路、铁路、高速公路,在经济方面则以单一的农业经济为主,缺少大型重工业。但是张家港人没有放弃一切发展的机会,而是立足实际,充分发挥本地优势,那就是张家港有着近10公里长的江岸线,且有深水港,适合建造沿江码头,依托长江航运"以港兴市"。"张家港精神"的形成可以分为三个阶段:

---

① 中共苏州市委组织部,中共苏州市委党校. 再燃激情 苏州"三大法宝"读本[M]. 苏州:古吴轩出版社,2019:序言.

改革开放初期"杨舍精神"的形成,"三超一争"口号的提出,以及"张家港精神"的再教育、再弘扬、再实践。在"团结拼搏、负重奋进、自加压力、敢于争先"这一"张家港精神"的带动下,张家港发生了翻天覆地的变化。张家港市进一步落实五大发展理念,与时俱进弘扬张家港精神,聚焦转型、创新驱动、绿色发展、文明引领,在经济、文化、金融、商贸、会展、服务业和社会建设等领域成就显著。

"张家港精神"的发展历程

(1)"张家港精神"的雏形:"杨舍精神"。张家港,是在1962年由当时的常熟和江阴的"边角料"乡镇合并建立的,当时还叫沙洲县。因为经济基础很差,年生产总值不到1亿元,所以当时被戏称为"苏南的北大荒""苏南的西伯利亚"等。杨舍镇是当时张家港(沙洲县)的城关镇,其情况更糟糕。整个杨舍镇镇区面积不足1平方公里,房屋破旧,交通闭塞,环境脏乱差,工业总产值不足500万元,在苏州6个县所有的城关镇中排名倒数第一。"张家港精神"的雏形是"杨舍精神"。只要提及"张家港精神",都要讲一讲"杨舍精神"。杨舍镇是"张家港精神"的发源地、主阵地。1978年1月1日,秦振华出任杨舍镇党委书记。面对杨舍镇的落后面貌,秦振华有胆有识、敢为人先,带领党员干部带头干,办乡镇企业,发展外贸业,大搞环境卫生整治。1985年,杨舍镇成为江苏第一个工农业产值破亿元的县城镇。1991年,杨舍镇的工业总产值超12亿元,跃居全国第7位,成为当时苏州"南学盛泽,北学杨舍"的明星乡镇。

(2)形成与发展阶段:"三超一争"口号的提出。1992年,秦振华被提拔为张家港市委书记,他将"杨舍精神"升华为"团结拼搏、负重奋进、自加压力、敢于争先"的16字"张家港精神"。同年4月,在全市誓师大会上,他喊出一句石破天惊的口号——"三超一争":用三年的时间,工业超常熟,外贸超吴江,城市建设超昆山,各项工作争第一。张家港人民靠着敢于争先的精神,通过大力发展乡镇企业等举措,开发沿江码头,建设保税区,以港兴市,以市促港,带动全市经济实现了跨越式发展,将张家港从一个底子薄、经济基础差的县城发展成国家卫生城市、全国文明城市。

(3)发扬与传承:"张家港精神"再教育、再弘扬、再实践。当年人们叫张家港"苏南的北大荒""苏南的西伯利亚"等,今天的张家港已成为协调张家港,是国内城乡收入差距最小的地区之一。

改革开放之初,苏南不少地方乡镇工业异军突起,而昆山在当时苏州市下辖的6个县中排名末位,被人戏称为"小六子"。作为传统农业县的昆山,工业基础非常薄弱。如何摘掉戴在昆山人头上贫穷落后的帽子,是摆在昆山党员干部面前的难题。昆山位于江苏省东南部,1989年撤县建市。昆山紧紧抓住国家实施沿海开发开放的机遇,走自费开发之路,大力发展横向经济,联合引入大企业,最终成为全国百强县之首,成为江苏率先发展、全面建设小康社会的一个样板。"昆山之路"的形成经历了以下五个阶段:自费开发,开启"昆山之路";内外并举,抢得发展先机;先行先试,打造台资高地;创新驱动,助力产业升级和率先领先;问鼎县域经济。在改革开放的时代背景下,昆山人艰苦创业、勇于创新、争先创优,走出了一条举世瞩目的"昆山之路",实现了从农业大县到现代工商城市的飞跃。"昆山之路"是昆山本地历史与现实实践结合的产物，体现了新时期昆山人民的价值观念、思想情操、道德素养、精神风貌和社会风尚。

"昆山之路"的发展历程

（1）自费开发，开启"昆山之路"。20世纪80年代初，昆山通过自费开发工业小区，开启了"昆山之路"。昆山紧紧抓住国家实施沿海开发开放战略的机遇，自费开辟工业区，提出"东依上海、西托'三线'、内联乡镇、面向全国、走向世界"的发展思路，通过借助外力大力发展乡镇工业，奠定了工业发展基础，迈出了对外开放的第一步。第二、三产业占地区生产总值的比重分别在1983年和1991年超过了农业，实现了"农转工"的转变。在这个时期，昆山办开发区没钱，昆山的党员干部就到处借钱。此外，拆房、搬宅基地、挖祖坟，这是祖祖辈辈生活在这里的老百姓最不愿意做的事，甚至有人拿着铁棍要弄个"你死我活"。吴克铨及昆山其他的党员干部是承受着很大压力的，被匿名举报是常事……为了使开发区顺利建成，吴克铨等人天天在现场，最终把老百姓和单位的拆迁问题全部处理好。吴克铨老书记说，改革初期大伙儿的眼光虽然短浅一些，但想得还是很简单的。他认为，昆山现在的现代化，不是哪个人的功劳，应该是全体昆山人民的功劳，他们当年的无私奉献最可贵。

（2）内外并举，抢得发展先机。1992年邓小平南方谈话后，昆山大力实施开放带动战略，利用浦东效应打时间差、空间差，以大规模基础设施建设为重点，迅速形成以开发区为龙头，带动乡镇工业小区的开放格局，形成招商引资新一轮高潮，内外并举，抢得发展先机。

（3）先行先试，打造台资高地。1997年亚洲金融危机后，昆山主攻台资，大规模引入台湾IT产业，先行先试，打造台资高地。还通过建立出口加工区等功能园区、改善投资环境，以及实施一系列的亲商、安商、富商措施，大力拓展欧美市场，实现了各类园区资源的聚合。在这一时期，昆山经济开始进入以电子信息、精密机械制造等为主导产业的发展阶段，实现了"散转聚"的主导性优化。

（4）创新驱动，助力产业升级。2001年12月11日，我国正式加入世界贸易组织。昆山积极抢抓全球化带来的历史机遇，以"加快转型升级，增强自主创新能力"为新的历史任务，大力实施"外向带动、民营赶超"战略，成立外向配套协作中心，为在昆山落户的外资企业与昆山民营企业建立合作牵线搭桥，培育壮大了好孩子等一批原创性、地标性企业。通过创新驱动助力产业升级，昆山经济发展"由低转高"，并通过优化产业结构，提升发展层次，实现了昆山经济的迅速发展。

（5）率先领先，问鼎县域经济。中共十八大以来，昆山深刻领会习近平总书记"发展是第一要务，人才是第一资源，创新是第一动力"的论断，以新的思想解放为强大动力，率先领先，问鼎县域经济，连续16年位居全国百强县市首位。

苏州工业园区是中国、新加坡两国政府的重要合作项目。中国、新加坡两国政府合作的目标是将苏州工业园区建成具有国际竞争力的高科技工业园区，建成国际化、现代化、信息化的生态型、创新型、幸福型新城区。经过20多年的发展，晚10年建立的苏州工业园区取得了令人瞩目的成就，从2016年开始，连续五年位列国家级经济技术开发区综合考评第一位，并跻身科技部建设世界一流高科技园区行列。"园区经验"的形成是有其历史过程的,可以分为奠定基础阶段(1994—2000年)、跨越发展阶段(2001—2005年)、转型升级阶段(2006—2011年)和高质量发展阶段(2012年至今)。苏州工业园区经过20多年的不断发展,实现了新加坡经验本地化、借鉴成果制度化,形成了"借鉴、创新、圆融、共赢"的园区经验,为中外合作和国内外建设各类各级开发区提供了科学发展的成功典范。园区经验的形成展示了园区人民与时俱进、不断自我完善的精神价值诉求。

"园区经验"的发展历程

(1)奠定基础阶段。1994年2月11日,国务院下发《国务院关于开发建设苏州工业园区有关问题的批复》,同意江苏省苏州市同新加坡有关方面合作开发建设苏州工业园区。在最初的奠定基础阶段,苏州工业园区主要依靠借鉴、吸收先进国家、先进地区的发展经验发展。不仅借鉴新加坡经济发展和公共行政管理经验,还成功地运用了新加坡城市规划建设管理和环保管理经验,实现了先规划后建设,先地下后地上的科学开发程序。[①] 在开发之初,苏州工业园区就摒弃单一的发展工业模式,坚持规划立足建设高新技术为导向、开放型经济为主体、基础设施先行、工业引领、第三产业配套的具有世界水平的现代化工业园区。

(2)跨越发展阶段。"亲商"理念的确定标志着苏州工业园区进入加速发展阶段。在加速发展时期,苏州工业园区致力构建完整的招商服务体系,引进人才和高科技产业。通过建设"亲商"型的

---

① 陈鸣玉,丁亚男. 苏州园区:借鉴新加坡经验的楷模[J]. 高科技与产业化,2003(10):61.

服务政府，率先在全国设立了一站式服务中心，集中办理行政审批事项，不断优化办事流程、简化办事环节、削减收费项目。"尊商、引商、留商、便商、安商、富商"的理念吸引了一大批外资企业入驻。2003年，苏州工业园区主要经济指标达到苏州市1993年的水平，相当于用十年再造了一个新苏州。

（3）转型升级阶段。"借鉴、创新、圆融、共赢"的苏州工业园区精神和理念的培育和确立表明了苏州工业园区发展进入转型升级阶段。借鉴和创新是苏州工业园区的开发模式与精神，圆融和共赢则诠释了苏州工业园区的发展理念与追求。2009年，苏州工业园区开发建设15周年，取得了地区生产总值超千亿元、累计上交各种税收超千亿元、实际利用外资折合人民币超千亿元、注册内资超千亿元等"四个超千亿"的发展成就。

（4）高质量发展阶段。2012年之后，苏州工业园区进入高质量发展阶段。中共十八大以来，苏州工业园区始终牢记习近平总书记嘱托，主动适应发展新要求和人民新期待，坚定不移走开放路、打创新牌、下改革棋，努力在建设"强富美高"新江苏征程中走在最前列。2020年，苏州工业园区实现地区生产总值2 907.09亿元，进出口总额941.77亿美元，社会消费品零售总额934.81亿元，城镇居民人均可支配收入超7.7万元。在商务部公布的国家级经济开发区综合考评中，苏州工业园区连续五年（2016年、2017年、2018年、2019年、2020年）位列第一，在国家级高新区综合排名中位列第四，并跻身科技部建设世界一流高科技园区行列。

"张家港精神""昆山之路""园区经验"相互激荡、相得益彰，点燃了各个板块干事创业的"熊熊之火"，催生了"苏州跃起六只虎"，进而凝练成苏州砥砺奋进、一往无前的"三大法宝"。

(二) 苏州"三大法宝"的核心内涵

苏州"三大法宝"是推动苏州经济社会发展的精神支柱和内生动力,是新时代苏州广大党员干部的精神财富。回顾张家港、昆山和苏州工业园区在改革开放进程中的发展历史,是为了挖掘其中蕴含的党员干部不忘初心、牢记使命的精神力量,并且传承和继承这种精神力量,为苏州高质量发展提供精神动力。

回顾苏州"三大法宝"的形成发展历程及其丰富内涵发现,虽然"张家港精神""昆山之路""园区经验"都是在各地实践中孕育而成的时代精神,有着鲜明的精神特质,但它们的共通之处都是苏州党员干部在改革开放进程中践行初心和使命的真实写照,是苏州党员干部把坚持党的领导与创造性执行党的方针、政策有机统一的真实写照,是苏州党员干部坚定不移贯彻党的理论和党中央重大决策部署的真实写照,是苏州党员干部坚持实干兴邦、坚定不移践行党的宗旨的真实写照。它可以凝结为四种精神:

(1) 上下一条心、拧成一股绳的团结精神。《中国共产党章程》第一章第三条(五)对党员义务做出明确要求:"维护党的团结和统一,对党忠诚老实,言行一致,坚决反对一切派别组织和小集团活动,反对阳奉阴违的两面派行为和一切阴谋诡计。"我们党发展到现在一直葆有旺盛的生命力、强大的战斗力和高度的凝聚力,就是因为广大党员始终自觉与党中央保持一致,心往一处想,劲往一处使,团结一致,风雨同舟。毛泽东指出,要团结,不要分裂。邓小平指出,解放思想,实事求是,团结一致向前看。江泽民指出,伟大的事业需要伟大的团结。胡锦涛指出,中国特色社会主义是当代中国发展进步的旗帜,也是全党、全国各族人民团结奋斗的旗帜。团结是我们党历来的优良传统，团结能出战斗力，团结能出生产力。习近平总书记将团结生动地喻为"指头"与"拳头"的关系，他指出，一个"指头"劲再大，其他"指头"如果不"握拳"用力，也难以体现出"拳头"的合力。在苏州"三大法宝"的形成历程中，苏州党员干部始终牢固树立团结意识，时刻以大局为重，自觉服从上级安排，团结一致。

（2）敢于争第一、勇于创唯一的创造精神。《周易》中说："穷则变，变则通，通则久。是以自天祐之，吉无不利。"十九大报告对广大领导干部的创造创新能力提出了明确要求："增强改革创新本领，保持锐意进取的精神风貌，善于结合实际创造性推动工作。"领导干部要有敢为人先的锐气，打破迷信经验、迷信本本、迷信权威的惯性思维，摒弃不合时宜的旧观念，以思想认识的新飞跃打开工作的新局面。实践表明，在苏州改革发展的各个重要关头，苏州的党员干部逢山开路、遇水搭桥，创造性地抓住了机遇，把发展机遇转化为发展成效，不断开创事业发展新局面。

（3）吃苦不言苦、处难不畏难的担当精神。中国共产党人的担当体现在对民族命运的担当、对人民幸福的担当、对管党治党的担当、对美好世界的担当。习近平总书记在多个场合多次强调党员干部要有担当。他指出："党的干部必须坚持原则、认真负责，面对大是大非敢于亮剑，面对矛盾敢于迎难而上，面对危机敢于挺身而出，面对失误敢于承担责任，面对歪风邪气敢于坚决斗争。"后来他又强调，党员干部要做发展的开路人，勇于担当、奋发有为，让老百姓生活越来越好，真正做到为官一任，造福一方。"张家港精神""昆山之路""园区经验"都是苏州党员干部带领人民群众敢闯敢干、开拓奋进的生动写照。可以说，苏州党员干部历来就有敢于担当的传统。比如,昆山的党员干部过去"不等、不靠、不要",坚持自己创业,自费建设开发区,在新时期则"敢想、敢当、敢干",超前谋划。有担当、有作为就是党员干部的立身之本、从政之道。

(4) 甘为孺子牛、造福千万家的奉献精神。"奉献"这个词,大家都不陌生,原义是指恭敬地交付、呈献,在我们党的语境中,特指那些为党和人民事业不计得失、不求回报、真诚无私的付出。奉献精神是一种纯洁高尚的精神。习近平总书记指出:"我们共产党人讲奉献,就要有一颗为党为人民矢志奋斗的心,有了这颗心,就会'痛并快乐着',再怎么艰苦也是美的、再怎么付出也是甜的,就不会患得患失。这才是符合党和人民要求的大奉献。""党的事业,人民的事业,是靠千千万万党员的忠诚奉献而不断铸就的。"我们的发展,不仅要有物质的发展,还要有精神的发展;我们的净化,不仅要净化党内风气,还要净化全社会风气。在党风明显好转的同时推动社会风气的明显好转,是我们党治国理政的重要任务。要形成正气充盈、昂扬向上的社会风气,就必须大力弘扬奉献精神。苏州"三大法宝"的背后所凝聚的是一个又一个苏州党员干部担当奉献的故事和精神。

正是有了千千万万苏州党员干部在背后的团结、创造、担当和奉献,苏州才创造了一个又一个发展奇迹,实现了一次又一次跨越式发展。

(三) 苏州"三大法宝"的精神实质

提到"张家港精神",我们会想到秦振华老书记;提到"昆山之路",我们会想到吴克铨老书记;提到园区,我们会想到园区总设计师时匡。的确,在"三大法宝"的形成过程中,苏州涌现出了一批像秦振华、吴克铨这样的"三大法宝"的缔造者和模范践行者，他们是我们的榜样。在其他板块，苏州也不缺有担当、有作为的党员干部。在苏州的各个板块，党员干部一任接一任地埋头苦干，不断为人民谋福祉。正是这样一支干事创业勇争一流的干部队伍，带领人民群众不断实践，才使得苏州一路向前发展。"三大法宝"的背后有苏州一代又一代、一批又一批的党员干部的默默担当和付出。基于苏州各个板块党员干部带领人民群众的实践，我们可以肯定地讲，苏州"三大法宝"不仅属于张家港、昆山和苏州工业园区，也属于苏州、江苏，更属于中国共产党和伟大的中华民族。苏州"三大法宝"是新时代苏州党员干部践行初心和使命、勇于担当和作为的苏州实践，也是全市党员干部带领人民群众敢闯敢干、奋勇争先的"苏州范例"。

马克思在《共产党宣言》中指出，无产阶级的运动是绝大多数人的，为绝大多数人谋利益的独立的运动；列宁则强调，党的任务绝不是反映群众的一般水平，而是带领群众前进。我们党作为马克思主义政党，一切理论和奋斗都应致力实现最广大人民的根本利益。事实上我们党历来都强调立党为公、执政为民、以人为本。苏州"三大法宝"是苏州精神在新时期的体现，是苏州的综合竞争力的核心内容，也是今后苏州发展的软实力，体现了苏州人民在新时期、新条件下勇于自我定位、自我突破和自我实现的精神诉求，强有力地支撑和引领着实践的发展。

苏州"三大法宝"不仅具有本土性、时代性、创新性和实践性等特征，而且具有一定的理论普遍性。苏州"三大法宝"在更深层次上体现的就是共产党人对党忠诚、为民服务、敢为人先、勇于担当和创新发展的精神特质。在苏州"三大法宝"的强大驱动下，苏州党员干部带领人民创造了太多"不敢想"的发展奇迹。今天,重温苏州党员干部干事创业的激情岁月,我们仍为之振奋。苏州"三大法宝"作为苏州人最鲜明的精神特质,已经深深流淌在了苏州党员干部的血液中。在新冠肺炎疫情蔓延期间,从机关工作人员、医务工作者、新闻工作者到志愿者,苏州党员干部有的坚守岗位,投身疫情防控一线,有的踊跃捐款捐物,做志愿服务……他们展露出了苏州"三大法宝"的精气神。

苏州各板块的发展实践

姑苏区从传统工业区转型为服务业强区,作为全国首个也是唯一一个国家历史文化名城保护区,致力推动经济发展再突破、古城保护再升级、城市建管再加速、民生福祉再提升、社会稳定再夯实,加快打造历史文化名城"硬核"。

二十世纪八九十年代的吴江区(当时的吴江县)实行经营承包责任制及县属工业实施兼并、转让、划归、合并、租赁、关闭、破产等资产重组等,全面启动乡镇企业改制……如今的吴江区,产业特色鲜明,集聚程度高,拥有丝绸纺织、电子信息两个千亿级产业,以及光电缆、装备制造两个500亿级产业,区内化纤产量占全国的1/10,光纤光缆产量占全国的1/3,电梯产量占国内品牌的1/6,被誉为"电子之城""光缆之都"。

1982年,常熟试点推行农业生产家庭联产承包责任制。1983年秋,全市97%的生产队(村民小组)实行家庭联产承包责任制,常熟开启了农业和农村发展之路。1986年,常熟在全省率先实行农业适度规模经营,被誉为苏南现代化农业的四个模式之一,受到中央、国务院领导的充分肯定。而常熟为大家所熟知的就是走出了一条以工补农、城乡融合、共同富裕的"碧溪之路"。

1992年，太仓提出"以港兴市、以港强市"，建设港口开发区，并大力发展外向型经济，从1993年引进第一家德资企业之后，目前已集聚了300多家德资企业，实现了从"江南鱼米之乡"到"德企之乡"的转变，成为长三角最具发展活力的地区之一。

20世纪80年代，吴中区（当时隶属吴县）开始发展社办企业，全区工业从小到大，从弱到强。2001年建区以来，吴中区催生了一批行业龙头企业。在持续推进"实业兴区"的同时，吴中区还积极推进"生态吴中"工程，坚持"山水苏州，人文吴中"发展定位，做到绿色发展不动摇，做好"水文章"，省级生态红线考核成绩连续三年位列全省前列。在新时代，吴中区致力打造践行"两山"理念标杆典范，打造"天堂中的天堂"。

相城区自2001年建区以来，短时间内就从一个低洼多水、落后的农业区演变成一座现代化新城区，创造了相城发展的"相城速度"。今天的相城区，成为苏州北部融"水城""花城""商城""最佳生态休闲人居城"于一体的城市副中心。

高新区的党员干部靠2000万元贴息贷款起家，获得了"国家高新技术产业开发区"称号。2003年，高新区出口加工区从项目报批、建设、封关验收到企业进驻仅仅用了100天时间，创造了"百日奇迹"。高新区自开发建设以来，从无到有、从小到大，不仅成为苏州经济的重要增长极，也成为自主创新的示范区和全市高新技术产业基地。

新时代开启新征程，新使命呼唤新作为。在新时期，苏州必须大力弘扬苏州"三大法宝"，在实践中进一步整合、提炼和传承以苏州"三大法宝"为核心内容的苏州精神的深刻内涵，使苏州精神成为苏州社会各阶层的精神纽带和共同奋斗的思想基础，凝聚起苏州人干事创业的强大精神力量,推动广大人民始终想在前、干在前,充分激发"越是艰险越向前"的意志和不达目的不罢休的气势,齐心协力挑战极限、勇攀高峰,以专业化、国际化服务能力对接全球资本和全球智慧,不断把苏州发展推向新境界。总有一些东西贯穿岁月、一脉相承,这就是文化和精神。在苏州百年探索中,苏州共产党人用生命和汗水竖起了一座座精神丰碑:先烈们坚定理想信念、不怕牺牲的精神丰碑,沙家浜鱼水情深的精神丰碑,苏州"三大法宝"精神丰碑。它们是坚不可摧的精神力量,是苏州共产党人领导苏州人民不断走向胜利、走向辉煌的不竭动力,是新时代苏州展现文化自信源源不断的精神源泉。

第三节 繁荣的社会主义先进文化是苏州文化自信的实践之源

苏州文化历经千百年发展,在保持自己独特风格的基础上始终绵延不绝地发展。中华人民共和国成立以来,尤其是改革开放以来,苏州的经济社会实现了跨越式的发展。苏州传统文化也在传承中蓬勃发展:文化事业和文化产业得到全面发展,传统文化和现代文明逐渐融为一体。一个传统与现代、科技与人文相融合的现代化新城展现在世人面前。而苏州社会主义文化建设实践和成果,成为苏州打造古韵今风现代化、国际化城市文化自信的实践之源。

 一、现代公共文化服务体系"苏州模式"成为全国标杆

2011年,文化部、财政部启动国家公共文化服务体系示范区创

建工作，计划用6~7年的时间，在全国创建90个左右的公共文化服务体系示范区，在满足群众基本文化需求的基础上，积极探索如何形成网络健全、结构合理、发展均衡、运行有效、惠及全民的公共文化服务体系，进一步推动公共文化服务广覆盖、高效能，为全国公共文化服务体系建设积累经验。

（一）苏州市国家公共文化服务体系示范区创建工作历程

国家公共文化服务体系示范区创建是党中央提出的战略性文化惠民项目。苏州始终深入贯彻落实党中央会议精神，从2011年开始就积极探索建立健全苏州现代公共文化服务体系的新路径。

2011年年初，苏州市先后召开办公会议，专程学习创建示范区东部标准，分析苏州创建国家示范区存在的短板，分工合作，制定《创建国家公共文化服务体系示范区申报书》《公共文化服务体系制度设计研究方案》《申报创建国家公共文化服务体系示范区情况报告》及示范区创建规划和创建实施意见等材料。3月，苏州市政府向文化部递交了苏州市创建国家公共文化服务体系示范区的系列申报材料，其中包含了苏州市《创建国家公共文化服务体系示范区建设规划》。这份规划明确指出，要以保障人民群众基本文化权益、满足人民群众基本文化需求为目标，大力推进广覆盖、高效能、可持续的公共文化服务体系建设，全面提升公共文化的服务水平和服务效益，实现公共文化服务体系建设又好又快发展。4月24日，苏州入选首批国家公共文化服务体系示范区创建市。之后，苏州将工作重点聚焦到"完善体系、提高效能、彰显特色、惠及全民"上，走出了一条"城乡一体化、率先现代化"的公共文化建设之路。5月，苏州出台《关于成立苏州市国家公共文化服务体系示范区创建工作领导小组的通知》，并召开了创建国家公共文化服务体系示范区动员大会。苏州各个县（市）、区递交了加强公共文化服务体系建设目标责任书。为了确保国家公共文化服务体系示范区创建工作的圆满完成，苏州市相关部门出台了考核细则，对各县（市）、区的创建工作进行实时动态掌握。自7月起，苏州太仓市、工业园区、昆山市、吴江市（今吴江区）、常熟市、相城区、张家港市等县（市）、区先后出台国家公共文化服务体系示范区创建的实施意见、实施方案或建设规划，并召开动员大会。苏州掀起了一股创建国家公共文化服务体系示范区的浪潮。11月，苏州在着力抓好示范区创建规范化、长效化的基础上，通过多项措施加快推动公共文化服务体系建设，包括抓好重大项目建设和提升农村、社区文化基础设施全覆盖、标准化水平，每年推出新创优秀群众文化作品200个以上，开展各类公益性文化展演、展示、讲座等活动力争超8万场次，积极运用数字技术、网络技术、信息技术提升文化服务水平和服务品质等，让文化真正成为苏州经济社会科学、和谐、率先发展的强大动力。11月底，苏州完成了江苏省公共文化服务体系示范区申报工作，并推荐张家港、太仓申报创建江苏省公共文化服务体系示范区（县级）。12月，张家港和太仓分别召开了创建江苏省公共文化服务体系示范区迎检工作会议和年终推进会，为创建工作提供保障。

2012年1月，苏州出台了国家公共文化服务体系示范区创建的管理实施意见、制度体系设计研究工作方案及信息报送和宣传工作方案等，全面推荐和保障国家公共文化服务体系示范区的创建。6日，江苏省文化厅、财政厅联合下发《关于命名首批江苏省公共文化服务体系示范区的决定》。苏州市和张家港、常熟2个县级市，以及下辖9个镇（街道）获得首批"江苏省公共文化服务体系示范区"称号。自2月起,张家港、常熟、太仓、相城区、高新区、昆山、吴中区陆续出台了创建国家公共文化服务体系示范区过程管理实施意见,并召开现场推进会。5月,苏州市召开创建国家公共文化服务体系示范区推进会,对文化部第十五督查组对关于苏州创建国家公共文化服务体系示范区工作情况的反馈进行通报,同时对下阶段示范区创建的工作目标和重点进行部署。9月,国家公共文化服务体系示范区创建工作现场经验交流会在张家港召开,总结交流首批创建国家公共文化服务体系示范区的工作经验。11月,国家公共文化服务体系建设专家委员会专家调研苏州示范区创建,在整合资源、发挥优势等方面提出了指导性意见。12月,苏州召开公共文化服务体系制度设计研究课题结题会。

2013年1月,苏州市召开创建国家公共文化服务体系示范区工作推进会。4月,召开办公会议,专门研究国家公共文化服务体系示范区创建后期的工作并进行分工安排。6月,苏州市国家公共文化服务体系示范区创建办公室编印了《苏州市国家公共文化服务体系示范区创建服务指南》,供广大市民领取和阅读。7月,苏州以90.93的分数排名东部第一,成为国家第一批公共文化服务体系示范区。

在国家公共文化服务体系示范区创建过程中,苏州十分注重顶层设计,不断加强制度设计研究,最终通过了第一批国家公共文化服务体系示范区的验收,成为名副其实的全国公共文化服务体系建设的先行军、排头兵。

(二)苏州开展国家公共文化服务体系示范区创建工作的做法

在国家公共文化服务体系示范区创建之初,苏州就依据文化部、财政部《关于开展国家公共文化服务体系示范区(项目)创建工作的通知》和江苏省文化厅《关于组织申报国建公共文化服务体系示范区（项目）的通知》，对照创建标准进行自我审查和梳理。对照示范区创建标准，苏州市当时已具备了创建国家公共文化服务体系示范区的基本条件：覆盖城乡的公共文化设施网络体系基本形成，苏州市县（市）、区全部被文化部命名为"全国文化先进单位县（市）、区（先进单位）"；形成了诸如"长江文化艺术节""江南文化节""运河文化节"等具有苏州特色的文化惠民活动品牌；工作体制机制不断完善，文化服务和文化消费等文化发展绩效全省第一；注重制度设计研究，形成了公共文化服务的新形势和研究成果；等等。这些条件为苏州开展国家公共文化服务体系示范区创建奠定了坚实的基础。

2010年年底，苏州市公共文化设施总面积及人均公益性文化设施面积均达到国内同类城市先进水平，但对照创建标准，苏州仍存在不少差距：高新区没有公共图书馆和文化馆；相城区、工业园区文化馆未参加评估定级；苏州图书馆、常熟图书馆、吴江图书馆、吴中区图书馆、相城区图书馆、平江区图书馆、沧浪区图书馆、金阊区图书馆面积不达标；张家港市文化馆、常熟市文化馆、太仓市文化馆、昆山市文化馆等面积不达标；金阊区图书馆、工业园区图书馆无少儿阅览室；吴中区、相城区、工业园区、金阊区、平江区图书馆无盲文阅览室；不少图书馆无流动图书服务车；除吴中区外，其他城区均无信息资源共享支中心；公共图书馆人均占有藏书数量不够；苏州民营文艺表演团体总体比较弱小；公共图书馆服务体系建设相关法律法规不完善……诚然，苏州在公共文化服务方面存在着诸如公共文化设施的建设力度和管理水平仍有待提高、基层文化设施的功能仍需进一步发挥、优秀文艺创作作品的数量和质量有待进一步提升、文化遗产资源保护利用水平有待进一步提升、文化人才队伍建设仍需加强等短板。

立足自身实际，苏州紧紧围绕把苏州建设成科学发展的样板区、开放创新的先行区、城乡一体的示范区，以现代经济为特征的高端产业城市、生态环境优美的最佳宜居城市、历史文化与现代文明相融的文化旅游城市这一"三区三城"建设定位，不断落实文化惠民政策，在已有公共文化设施服务体系的基础上查漏补缺，集中力量解决公共文化服务体系建设中的重点、难点问题，大力推进广覆盖、高效能、可持续的公共文化服务体系建设，全面提升公共文化的服务水平和服务效益。

(三) 现代公共文化服务体系"苏州模式"成为全国标杆

苏州在创建国家公共文化服务体系示范区的过程中，有许多创新性的实践，其中，公共图书馆总分馆建设被称赞为"苏州模式"。这是国内第一个被业内专家和学者称为"模式"的总分馆体系。公共图书馆总分馆建设"苏州模式"有其发展历程。

中华人民共和国成立以来，为提高人民群众的科学文化素养，国家数次开展基层图书馆建设，但很多基层图书馆建设最后均以失败告终。苏州是公共图书馆建设起步较早的地区之一。1914年，苏州图书馆的前身——江苏省立第二图书馆面向公众开放，其探索普遍均等服务的轨迹可以追溯到民国时期。1993年，苏州吴江在全国率先实现了乡镇万册图书馆的全覆盖。到了1995年，全市所有乡镇全部建成万册图书馆。但因为缺乏读者，乡镇万册图书馆运动也失败了。

改革开放以来，苏州的经济社会发展取得了巨大成就，为公共图书馆的建设奠定了深厚的物质基础。2001年，苏州市建设了苏州图书馆新馆，虽然接待能力是老馆的4倍，但从开馆之日起就处于超负荷状态。为了分流读者，苏州图书馆先后与社区、街道等合作建立了4所分馆。各分馆由苏州图书馆统一提供文献。总分馆实行同一个业务管理系统、统一的读者证，外借图书通借通还。建立分馆虽然分流了读者，但因为分馆管理缺乏制度要求，并没有真正解决公共图书馆服务的均等化问题。2005年，苏州图书馆与沧浪少年宫合作建立沧浪少儿分馆。分馆工作人员由苏州图书馆统一委派，分馆的所有管理和服务均由苏州图书馆负责，大大提升了分馆的专业服务水平，读者数量也明显增多。2006年，沧浪区政府决定与苏州图书馆再合作建设3个分馆，其他一些区政府及部分街道办事处、学校、机构也纷纷与苏州图书馆联系建立分馆。苏州图书馆的总分馆模式从试点转向了规模化发展。2006年，中国图书馆学会新年峰会在苏州召开。与会专家认为：苏州公共图书馆的总分馆模式可以使分馆读者享受和总馆读者相同的服务和待遇，很接近真正意义上的总分馆关系；"动态资产权"基础上的物流和通借通还，大大提高了图书馆资源的共享效率；"孵化"式的馆员派遣体系，保证了分馆的服务质量；从市区图书馆到基层分馆的扁平化网络，扩大了公共文化服务的覆盖面；这一极具苏州实践特色的总分馆体系建设符合《国家"十一五"时期文化发展规划纲要》中的相关建设要求，是能够与国际接轨的"苏州模式"。之后，苏州公共图书馆的总分馆模式不断完善，被列入政府实事项目，分馆数量也逐年增多。公共图书馆的总分馆体制在国际上已经成熟，但在我国发展总分馆的最大难点在于一级政府建设和管理一个图书馆的行政和财政体制。而总分馆建设"苏州模式"通过"自下而上的全委托模式"实现了苏州市区不同级别政府建立的独立运行的公共图书馆形成一个统一管理的图书馆体系，避开了以往的体制障碍。但避开障碍不等于没有障碍。缺乏政府主导这个体制障碍一直是苏州公共图书馆总分馆建设的制约因素。

2011年，国家开展公共文化服务体系示范区创建，在东部创建标准中明确提出要进行公共图书馆总分馆建设的研究和实践，这也为苏州公共图书馆解决政府缺位、制度缺失提供了很好的机遇。对照创建标准，苏州市出台了《市政府关于转发〈苏州市公共图书馆总分馆体系建设实施方案〉的通知》，将公共图书馆覆盖到城区和农村，使每个市民都能平等地享受到公共图书馆服务；明确了苏州市政府是苏州图书馆的建设主体，各县级市（区）政府是辖区内公共图书馆的建设主体；鼓励苏州市图书馆以县级市（区）划分管理单元，在市区形成统一的总分馆管理体系；在网点设置上规定各县级市（区）都必须建设符合《公共图书馆建设标准》的公共图书馆，不仅在面积上要达标，在布局上也要科学规划；作为建设主体的市、县级市（区）政府要保障公共图书馆总分馆体系所需要的经费；对市、县级市（区）图书馆进行两个方面的评估考核。最终，苏州公共图书馆总分馆模式实现了总分馆制度的落实、总分馆合理的布局以及在乡村的全覆盖，服务形式、手段、水平不断提高，办馆效益也实现了最大化。可以说，公共图书馆服务体系建设作为创建示范区的重要内容之一，实现了从"自下而上的全委托模式"到政府主导，市、县级市（区）政府为建设主体，县级市（区）为管理单元，内部实行统一管理的总分馆体系的转变，有效保障了苏州市民的基本文化权益，为苏州的经济社会发展提供了一定的智力支撑。

在创建国家公共文化服务体系的过程中，苏州实现了经济、社会、文化的相互促进、共同发展，形成了具有自身特色的公共文化服务"苏州模式"。创建无止境。在示范区创建成功的基础上，苏州致力公共文化服务"苏州模式"的提档升级。2014年年初，中央全面深化改革领导小组和国务院就加快构建现代公共文化服务体系，促进基本公共文化服务标准化、均等化分别做出了明确部署。2015年1月14日，中共中央办公厅、国务院办公厅正式印发了《关于加快构建现代公共文化服务体系的意见》，提出到2020年基本建成覆盖城乡、便捷高效、保基本、促公平的现代公共文化服务体系。5月19日，苏州市人民政府办公室正式印发了《关于推进现代公共文化服务体系建设的实施意见》，提出加快推进全市现代公共文化服务体系建设，从组织领导、依法建设、机制创新、财政保障和队伍建设五个方面对保障措施做了具体要求，明确提出以下目标：在深入推进国家公共文化服务体系示范区长效管理工作的基础上，以完善规划为抓手，实现设施网络全覆盖；以标准化建设为抓手，实现服务供给全覆盖；以整合提升为抓手，实现科技传播全覆盖；以志愿服务为抓手，实现社会参与全覆盖；到2020年，建成覆盖城乡、普惠均等、实用高效、群众满意、引领全国、接轨国际的现代公共文化服务体系的目标。这成为"十三五"时期指导苏州现代公共文化服务体系建设的纲领性文件。一并印发的还有《苏州市2015—2020年公共文化服务保障标准》，对各级政府应向人民群众提供的基本公共文化服务项目的内容、种类、数量和水平，以及应具备的硬件设施条件、人员配备等都做出了规定，明确了政府的保障责任。

近年来，苏州立足"国家历史文化名城"高起点、高定位，围绕"打造公共文化服务'苏州模式'升级版"的总要求，高质量推进公共文化服务体系示范区后续建设工作的深入开展。苏州不断加大财政投入，持续完善公共文化设施布局，以镇（街道）综合文化站达标建设为抓手，以村（社区）综合性文化服务中心标准化建设为重点，整合各类公共文化资源，打造城乡"10分钟文化圈"，推动设施布局从"全设置"走向"全覆盖"，成功走出一条"覆盖城乡、惠普均等、实用高效、群众满意、引领全国、接轨国际"的公共文化服务体系建设之路，使公共文化服务体系建设走在全国前列，成为全国标杆。

二、统筹城乡文明一体化发展的"全国文明城市群"创建

全国文明城市（区）是指在全面建成小康社会中，经济建设、政治建设、文化建设、社会建设、生态文明建设和党的建设全面发展，市民文明素质、城市文明程度、城市文化品位、群众生活质量较高的城市（区）。崇德向善、文化厚重、和谐宜居、人民满意的城市（区）是指城市（区）市民整体素质和城市文明程度较高的城市（区）。全国文明城市创建涉及城市政治、经济、文化、生态、社会发展的方方面面，从整体上反映了城市的文明水平，在全国所有城市品牌的创建中难度最大、含金量最高。2005年，全国文明办下发了全国文明城市测评标准，提出全国文明城市创建的六个方面的基本指标：廉洁高效的政务环境、公正公平的法治环境、规范守信的市场环境、健康向上的人文环境、安居乐业的生活环境、可持续发展的生态环境。之后，全国文明城市测评体系不断完善，逐渐发展成了涵盖廉洁高效的政务环境、公平正义的法治环境、诚信守

法的市场环境、健康向上的人文环境、促进青少年健康成长的社会文化环境、和谐宜居的生活环境、安全稳定的社会环境、有利于可持续发展的生态环境"八大环境"建设内容的测评体系，更加突出了文明城市创建的导向作用。

多年来，苏州以市区为中心，以县（市）为纽带，以若干中心城镇为基础，致力文明城市建设，坚持走城乡文明一体化发展之路。

（一）率先提出全国文明城市创建

2017年，苏州下辖的张家港市连续五年获得"全国县级文明城市"称号，成为我国唯一文明城市"五连冠"的县级市。然而很多人并不知道，这座如今经济实力位居全国百强县前三的城市，早在1994年就在全国首次提出了创建文明城市。

1994年，张家港荣获"国家首批卫生城市"荣誉称号。同年11月，张家港在全国首次提出了创建"全国文明城市"的目标。当时全国还没有开展"全国文明城市"的评比，更没有相关的测评体系。张家港以"五好家庭"评比、文明新风户评比等活动为代表，开展了基层文明创建活动和系列教育实践活动；以卫生创建和环境整治为抓手，动员全市市民广泛参与，从老人到孩童，都践行"垃圾不落地"的文明观念。1995年10月18日，全国精神文明建设经验交流会在张家港召开，《人民日报》发表评论员文章《伟大理论的成功实践——学习张家港市坚持两手抓的经验》，使张家港精神文明建设"一把手抓两手、两手抓两手硬"的经验闻名全国。以这次会议为起点，张家港形成了"以经济建设为中心，以卫生为基础，以文化为内涵，以育人为根本，以服务人民为宗旨"的创建工作特色。2005年10月，张家港成为首批12个全国文明城市中唯一的县级市。2017年,张家港成为全国唯一连续五届获得"全国文明城市"殊荣的县级市。

40多年来,在不断变化的新形势下,张家港不断适应发展新要求,但"一把手抓两手、两手抓两手硬"的工作理念始终不变,提升市民文明素质和城市文明程度的工作目标始终不变,创建为民惠民的工作导向始终不变,常抓常新、常态长效的工作要求始终不变。每年春节后,张家港市委都会第一时间召开全市文明城市创建总结表彰大会,部署新一年的文明城市创建工作,同时表彰一批、激励一批、引领一片。张家港始终把文明城市创建作为"一把手工程",将"文明引领"作为城市未来发展主战略之一,统筹推进精神文明建设各项事业,将精神文明建设融入全市发展的各个领域,形成了精神文明建设常态化、制度化的工作格局。文明城市创建已成为张家港人民的行动自觉和内生追求。

(二)率先建设全国文明城市

1994年张家港率先提出创建"全国文明城市"之后,其"一把手抓两手、两手抓两手硬"的精神文明建设经验迅速在全国推广。此时的苏州喊出了"学习张家港,创建文明城"的口号,强调精神文明和物质文明"两手抓,两手都要硬",在抓经济建设的同时,集中精力抓好文明社区、文明行业和文明村镇的创建工作。

1995年,苏州市政府决定实施古城区保护性改造。根据原有的水陆并行棋盘格局,把整个古城区划分为54个街坊,普遍改善,局部改造。改造后的古城街坊供水、供电、供气、通信等管线一步到位。苏州工业园区在创建文明社区活动中成功引入国外先进理念,建设服务社区居民的属地型商业模式——邻里中心。不同于以往沿道路周边分散式的布局,所有的商业服务、社会服务设计和购物中心都集中在邻里中心，一站式满足居民各类生活服务需求。2000年，苏州市专门推出了《文明社区管理办法》，把创建工作规范化。随后，苏州市又制定了创建文明社区的五年规划，提出在五年内，把全市所有街道都创建成文明社区，把80%以上的居民小区创建成文明小区。2001年1月，苏州市在全国首次尝试将110与120并网运行。这种做法有效缓解了120急救中心速度慢、设施差的境况，受到卫生部的充分肯定。在文明城市创建工作的带动下，苏州市职能部门的服务程序不断简化、服务手段不断强化、服务态度不断提升、服务环境不断优化，办事效率也得到大幅提升。2004年，苏州市开始开展"十佳文明新苏州人"等评选活动，给了新苏州人更多的荣誉感、责任感与归属感。2005年，苏州市开展了老新村改造等一大批利民惠民的实事工程，改造老新村住宅，整修老新村道路，增加绿化面积，使数以万计的居民受益。2006年4月，苏州市政府推出并实施《苏州市提高市民文明素质行动计划》。该行动分为文明素养培育工程、发展能力提升工程、未成年人思想道德建设推进工程、新苏州人融合工程、优美环境育人工程、先进文化服务工程等10项工程、44个任务，把人的全面进步作为核心内容，从思想道德境界到科学文化素养，从法律法规意识到身心健康水平，从文明市民观念到发展能力，明确描述了具有时代特征、地域特色的市民道德规范和行为准则，对提升市民文明素质、形成市民自觉追求文明的社会氛围有重要作用。2007年，苏州市开始对古城区总长28.2万米的背街小巷进行分批综合改造，涉及13.4万户、共39万名居民的生活环境陆续得到改善。2008年，苏州市荣登全国文明城市榜单，成为第二批全国文明城市。但是苏州市清醒地认识到，文明城市创建只有起点，没有终点，需要全市上下勠力同心。2011年，苏州市全面开展深化文明城市创建"八个一"（每天组织百名志愿者开展志愿服务、每周宣传两名身边好人、每周开展一次广场文化活动、每周开展一次文明交通宣传活动、每周组织"五老"开展一次网吧监督检查、每周组织一次未成年人心理健康辅导进社区活动、每月解决一批突出问题、每个阶段推出一批创建工作创新案例）系列活动，大力提升市民文明素质和城市文明程度，切实增强市民幸福感，提高市民满意度。同年12月，苏州市、张家港市顺利通过全国文明城市复评考核，苏州市蝉联全国文明城市。2012年，苏州市以"家在苏州"品牌战略为引领，开展"家在苏州——做一个有道德的人"未成年人主题教育活动，推进"家在苏州·德善之城""家在苏州·践行'五好'"等品牌工程建设，大力开展志愿服务工作，提升市民文明素养和社会文明程度。2013年，继文化、科技、卫生"三下乡"服务品牌之后，苏州市"反弹琵琶"，开展了"三进城"活动，把农村的特色民俗文化、特色农副产品、特色文明成果向城市居民展示，彰显出城乡互动的新活力，进一步推进了城乡文明一体化，扩大了群众受惠得益的范围。2014年9月，苏州市委、市政府召开全国文明城市建设推进会，准确把握新一轮全国文明城市测评考核任务，更加注重细节，更加注重常态，更加注重民生。93家责任单位向苏州市创建全国文明城市指挥部递交了目标任务书。2015年2月，在全国精神文明建设工作表彰暨学雷锋志愿服务大会上，苏州市再一次捧回了全国文明城市的荣誉奖牌。随后，苏州市启动了"家在苏州·德善之城"2015年度文明交通工程活动，通过4类主题、18项活动，营造文明交通人人参与、人人共享的良好社会环境。2016年11月，苏州市召开2016年文明城市长效管理暨年度迎检工作推进会，要求各地各部门抓实长效管理，把文明的要素体现到城市的每个角落，确保苏州市蝉联全国文明城市。2017年，苏州市积极推进城市社区文明建设，营造创建氛围，打造社区亮点，进一步提升了社区文明创建的整体水平，为全国文明城市创建打下了坚实的基础。这一年，苏州市、张家港市继续保留"全国文明城市"称号，常熟市荣获"第五届全国文明城市"称号。

拿下称号不等于画上句号。实现全国文明城市"四连冠"的苏州市没有松懈。2019年5月，苏州市召开文明城市创建工作推进会，强化问题导向，坚决补齐短板，分析了苏州市文明城市创建工作情况，研究部署了下一阶段文明创建工作推进的重点内容。12月，江苏省文明委下发《关于表彰2016—2018年度江苏省文明村镇的决定》和《关于命名表彰2016—2018年度江苏省文明行业和江苏省文明单位、文明校园的决定》。苏州市共有38个乡镇、117个村、306个单位、55个社区、46个校园入选，总数达到562家，约占全省总量的10%。

2020年5月，苏州市文明办、志愿者总会把"理响苏城"理论宣讲志愿服务项目、"革命文物说"宣讲志愿服务项目、"琴川一席话"百姓名嘴理论宣讲基层行志愿服务项目、"花样爷爷（奶奶）"红色志愿宣讲志愿服务项目等120个志愿服务项目列为2020年度苏州市重点志愿服务项目，推进志愿服务项目化、品牌化、规范化，满足社会对志愿服务的多样化、个性化需求。7月23日，苏州市发放《2020年苏州市民手册》，将主题定为"平安"，通过实行精准宣传、重点宣传、广泛宣传，增强市民安全意识。手册中附有"文明测评应知应会调查问卷"，大大增强了市民的参与性和互动性。29日，苏州市召开第二季度城市管理工作点评会，结合文明城市复评迎检工作、查找问题、狠抓落实，全力迎接文明城市"大年考"。9月，苏州市召开精神文明建设指导委员会全体会议，总结前阶段群众性精神文明创建工作，研究部署、扎实推进下一阶段工作，要求以满足群众需要、解决群众关注的问题为导向，推动文明创建各项工作出实招、办实事、求实效，不断提升文明城市常态长效管理水平。同时苏州市开展了弘扬新时代苏州精神系列活动，以专家讲座结合"百姓名嘴""老书记思享汇"等多样化呈现方式，把"三大法宝"讲透、讲实、讲活，让新时代苏州精神走进群众心坎里。

对于苏州市而言，文明城市的创建潜移默化地影响着每个苏州人。文明城市群创建工作以服务人、发展人、提高人为核心，动员市民成为文明城市群创建的参与者、受益者和监督者，形成全社会共同推进的整体合力。

（三）率先启动"全国文明城市群"创建工作

从创建全国文明城市工作先进城市，到产生第一个县级全国文明城市，到实现全国文明城市，再到朝着全国文明城市群方向努力，苏州市"全国文明城市群"创建一直在路上。

1999年，苏州市及下辖的张家港市、昆山市被中央文明委命名为"创建全国文明城市工作先进城市"；2002年，苏州市和所辖市（县）全部建成创建全国文明城市工作先进城市，初步形成了以中心城区为龙头，县市联动的全国文明城市工作先进城市群。在全国文明城市工作先进城市群的基础上，2012年2月6日，苏州市召开创建全国文明城市群动员大会，在全国率先启动全国文明城市群创建工作，明确了创建工作的总体目标、基本原则、主要任务、保障机制等，致力打造具有高效能的基础设施、高水平的管理体系、高质量的生活环境、高效率的合作分工、高品位的城乡文化、高素的公民思想道德的城市群。苏州市"全国文明城市群"的创建离不开下辖各县级市的发展。县级市文明城市建设程度决定了苏州市"全国文明城市群"创建的进度与质量。苏州市创建"全国文明城市群"的具体目标是，在苏州市和张家港市成功创建全国文明城市的基础上，进一步扩大规模效应，发挥好两个全国文明城市的先行优势，以苏州市及五个县级市为整体，重点推动"城乡八个一体"，确保苏州市、张家港市蝉联"全国文明城市"称号，力争昆山市、常熟市、太仓市、吴江市四个县级市全部进入文明城市行列，从而形成"全国文明城市群"。2012年，吴江市撤市设区，苏州创建"全国文明城市群"的具体目标相应变成了确保苏州市、张家港市蝉联"全国文明城市"称号，力争昆山市、常熟市、太仓市三个县级市全部进入文明城市行列，形成"全国文明城市群"。而实际上，张家港市、昆山市、常熟市和太仓市一直在为创建文明城市行动着，为"全国文明城市群"的巩固和发展不断积累经验，保障文明城市和文明城市群创建常态长效推进。

进入新时代，苏州市文明城市的创建与文明城市群的巩固面临着新的发展形势和发展任务，迫切要求探索文明城市创建工作转型升级的新模式，创建不停步，文明不止步。

张家港市多年以来一直坚持开展"好人文化"建设，挖掘、宣传的各级各类道德模范、身边好人有2 500多名。为了扩大好人的示范效应，近年来，张家港市建设了一批"好人广场""好人墙""好人文化长廊"，组织开展道德模范事迹基层巡讲巡演活动，在主流媒体开设《身边好人张闻明》《港城雷锋》等栏目，进一步扩大了身边好人的影响力和辐射面。2019年5月13日，张家港市聚焦市民环保素养提升、家庭教育指导、健康急救科普、应急避险能力增强等方面，集中发布了首批五大新时代文明实践部门重点项目：启动健康干预专项行动，在中小学校开设"自然课堂"，实现"幸福家长驿站"全覆盖，建设应急救护培训基地及实施家居安全普惠工程，整合各方资源，引导部门成为新时代文明实践的主力军。5月18日，张家港经济开发区（杨舍镇）新时代文明实践"两大平台三大课"公益培训项目正式发布，76个公益培训项目与公众见面，直接服务人群达到16 000人。2020年7月22日，张家港市新时代文明实践智慧云平台正式上线。平台整合了理论宣讲平台、教育服务平台、文化服务平台等多种线上线下平台，使广大市民在一个平台上"各取所需"。张家港市列出城乡环境"十大整治"专项行动的时间表和任务书：开展村庄清洁行动，让老百姓"干干净净迎小康"；标准化改造13座集贸市场，让市民进菜场更舒心；对指路标识、公交站亭、城市雕塑等"城市家具"进行清洁改造，让"城市客厅"更亮丽。面对文明城市创建大考，张家港市立下确保"第一名"、勇夺"六连冠"的"军令状"。

昆山花桥经济开发区自2017年开始就推广文明楼道建设，倾听民意、因地制宜，注重挖掘楼道特色，致力实现"一楼道一主题、一楼道一风景"。2019年4月，昆山市淀山湖镇广泛开展新时代文明实践"尚美微课堂"宣讲工作，大力弘扬文明风尚，形成符合"尚美淀山湖"人文气质的市民修身立德文化，着力塑造"百姓善美"的城镇形象。昆山市高新区泾河村用村规民约来推动村民自我管理、自我监督、自我完善，2020年9月荣获"中国村庄2020特色村"称号。巴城镇围绕"乡风民风美起来，文化生活美起来，人居环境美起来"的目标，结合新时代文明实践，以家风促民风，以民风带乡风。2020年7月，昆山市城管局发起"全城搜索"，制订烟蒂专项大整治工作方案，决战决胜文明城市创建攻坚期。

常熟市一以贯之地在全域推进城乡一体上下功夫，在深度对接需求上下功夫，在文明城市创建常态长效上下功夫，在历史文化和时代精神结合上下功夫，扎实推进新时代文明实践中心试点工作，奋力打造"常熟样板"。2019年4月11日，常熟市召开文明单位新时代文明实践志愿服务工作推进会，着力打造"文明单位志愿服务直通车"品牌。辛庄镇实行"德善基金+志愿服务"运行模式，结合"镇村文明实践活动日"，开放德善文化展示馆、镇志愿服务中心，常态化开展全覆盖、本土化、分众化、菜单化的文明实践活动，为居民群众提供服务和便利。东南街道举办"和风送暖 融慧东南"阅读节、首届家风与新时代文明实践系列活动暨"幸福在东南"家庭文化节等活动，让地方优秀家风文化在新老常熟人中代代相传。2020年以来，虞山街道推出增设晾晒点、划定鞋架摆放位等五项举措，重点消除乱晾晒、乱停车、乱堆放、安全设施不到位等痛点，确保把精细化管理落实到细枝末节。同时，常熟市垃圾分类办依托专班督查人员、单位员工、保安、执法队员、第三方机构等力量，建立完善了密集型、地毯式、立体化的督查网络，助力垃圾分类工作提质增效。2020年6月，常熟市城管委印发《2020年创建文明城市"靓城行动"实施方案》，决定在全市范围内开展市容秩序、环境卫生、农村环境、基础设施整治行动，全力打造城市管理新秩序、新环境、新高度，高质量推动文明城市创建工作，奋力争取全国文明城市"两连冠"。

2019年7月，太仓高新区举办第二届以"德载高新 乐享悦读""德载高新 乐助公益""德载高新 乐行文明""德载高新 乐秀文化"为内容的"德载高新"文化艺术节，充分发挥先进文化育人功能。2020年以来，城厢镇以整治楼道小广告、清理楼道杂物堆放、开展公益广告宣传、规范车辆停放、及时清运建筑垃圾、提升保洁及绿化管护水平、开展公共部位基础设施维修七个方面为突破口，着力改善开放式老小区的面貌。璜泾镇推进长江岸线利用项目清理整治工作，专门成立领导小组，现场督查、现场调度，圆满完成长江岸线清理整治工作。沙溪镇全力推动垃圾分类工作，取得了初步成效，使全镇生活垃圾分类覆盖率达70%，实现了行政村和居民小区覆盖率"双百"目标。9月，太仓市在中秋、国庆期间有针对性地开展"文明餐桌"行动、"文明出行"行动、"洁美家园"行动、"文明上网"行动、"文明旅游"行动等群众性精神文明建设工作，为太仓市创建文明城市奠定良好的基础。

创建"全国文明城市群"不能再局限于苏州市区文明城市的成功创建，而是要做好县市联动，在基础设施、制度安排等方面实行并轨，城乡统筹，实现现代化意义上的协调发展。2020年，苏州市继2008年、2011年、2014年、2017年获得"全国文明城市"称号之后，又一次获得这一殊荣，实现了全国文明城市"五连冠"。苏州市下辖的县级市成绩也十分傲人：张家港市、常熟市确认保留荣誉称号，太仓市、昆山市入选第六届全国文明城市。这意味着，苏州市率先建成"全国文明城市群"，并向城乡文明一体化、全域化迈进。

在文明城市和文明城市群创建的过程中，苏州市城乡一体化发展取得重要突破。作为江苏省城乡一体化发展综合配套改革试点城市，苏州市全面推行农村户籍制度、土地使用制度、股份合作制度、社会保障制度和农业支持保护制度等五大改革，基本形成了城乡规划、产业布局、基础设施、公共服务、社保就业一体化，成为全国城乡居民收入差距最小的地区之一。

第三章

以高度文化自信打造古韵今风现代化、国际化城市的苏州实践

文化底蕴对于提升苏州城市品牌的美誉度有突出作用。打造文化高地，以文化品牌带动文化产业发展是国内外文化产业发展的一个普遍规律，也是区域经济社会协调发展的必然要求。城市文化品牌是展现城市文化和城市精神风貌的载体，是城市经济社会发展中的重要因素。江南地区历史上先后存在过四个文化中心，即南京、杭州、苏州与上海。苏州作为江南文化的发源地之一，自古文化资源丰富，人才荟萃，苏意苏作精益求精、引领时尚。底蕴深厚的吴文化、以苏州"三大法宝"为典型的红色文化、以现代公共文化服务体系"苏州模式"为代表的社会主义先进文化，是苏州的突出优势、独特优势，也是苏州城市发展最深厚的软实力。作为江南文化的中心城市之一，率先实现现代化，为落实国家发展战略提供苏州经验，树立苏州样板，是苏州特殊的使命和责任。

第一节 苏州坚定文化自信的做法与经验

苏州在发展经济的同时，将文化建设开展得有声有色，以高度

文化自信打造了一座古韵今风的现代化、国际化大都市,成为中国全面建成小康社会并开启率先探索实现现代化道路的范例。

一、坚定文化自信的苏州做法

改革开放以来苏州之所以取得许多不凡的成就,原因之一就在于苏州始终把握时代脉搏,领风气之先,立时代潮头,促进经济建设、政治建设、文化建设、社会建设、生态文明建设同步发展。

(一)重视文化遗产保护工作

习近平总书记指出:"中华优秀传统文化已经成为中华民族的基因,植根在中国人内心,潜移默化影响着中国人的思想方式和行为方式。"

作为国家历史文化名城之一,苏州的文化遗产丰富。苏州世界级物质文化遗产有古典园林和中国大运河苏州段两项。拙政园、留园、网师园、环秀山庄、沧浪亭、狮子林、艺圃、耦园、退思园9个古典园林被联合国列入《世界文化遗产名录》。苏州拥有世界记忆遗产1项,即近现代中国苏州丝绸样本档案。据苏州文化部门统计,苏州古城核心区约80%的面积是世界遗产区。该区域范围内共有2 000多个各级文物点,文物单体数量和密度均为全国最高。在江南水乡古镇申遗项目的14个古镇中,苏州占有9席,其中包括周庄、同里等驰名中外的古镇。截至2021年5月,全市共有文物保护单位881处,其中云岩寺塔、文庙、拙政园、太平天国忠王府、东吴大学旧址、保圣寺罗汉塑像、草鞋山等国家级文物保护单位61处,越城遗址、唐寅墓、寒山寺、范文正公忠烈庙及天平山庄等省级文物保护单位127处,钱处士墓、鹤园、灵岩山寺等市级文物保护单位693处。苏州的非物质文化遗产也十分丰富。目前，苏州世界级非物质文化遗产有昆曲、古琴、苏州端午习俗、苏州宋锦、苏州缂丝、苏州香山帮传统建筑营造技艺6项。

基于丰厚的文化资源，苏州市积极发挥牵头示范城市作用，组织召开申遗工作推进会，稳步推进江南水乡古镇申遗项目，加强江南水乡古镇保护研究，出版了《江南水乡古镇民居保护整治导则》。积极创建国家文物保护利用示范区，依法设立全国首个国家历史文化名城保护区，实施全国首个地方性历史文化名城保护条例，使古城、古镇、古村保护迈入法治化轨道，大运河文化带建设迈入新阶段。苏州十分重视文化遗产保护工作，召开全市文物安全工作会议，推进文物安全实验区创建。在"百园之城"的基础上，苏州还致力打造"百馆之城"，加快推进苏州考古博物馆、苏州历史文化陈列馆、吴江博物馆新馆、桃花坞木版年画博物馆等的建设。此外，苏州还积极振兴中国传统工艺，积极探索传统工艺保护传承和产业发展的振兴路径。昆曲保护案例入选全国优秀保护实践案例。苏州通过举办"年画重回春节"活动、手工艺与民间艺术邀请展、第十一届中国"子冈杯"玉石雕作品展、2019中国（苏州）国际丝绸精品展等活动传承优秀传统文化，积极扩大苏州文化的影响力。

（二）推动文广旅事业快速发展

首先，大力开展本土化文艺创作和活动。十九大报告中指出："社会主义文艺是人民的文艺，必须坚持以人民为中心的创作导向，在深入生活、扎根人民中进行无愧于时代的文艺创造。"同时也指出，要繁荣文艺创作，提升文艺原创力，推动文艺创新。近年来，苏州深入实施文艺创作三年规划，加快实施繁荣发展社会主义文艺八项重点工程，即苏州文脉传承工程、地方戏曲振兴工程、精品创作繁荣工程、文艺阵地强基工程、文艺惠民普及工程、文艺队伍提升工程、人才高峰集聚工程、政策环境保障工程。围绕国家重大时间节点，积极开展本土化文艺创作和活动策划。2018年以来，苏州先后承办了第七届中国昆剧艺术节、第七届中国苏州评弹艺术节、戏曲百戏（昆山）盛典、第二届苏州市"文华奖"艺术展演季、首届青年话剧节、苏州市美术书法作品展、苏州少儿艺术节等重点活动，城乡文化活动高潮迭起。张家港黄泗浦遗址获评"2018年度全国十大考古新发现"。桃花坞·唐寅文化片区基本建成。可园修复项目荣获联合国教科文组织亚太地区文化遗产保护奖。2019年，苏州文艺事业"311"计划硕果累累。苏剧团有限公司成立。苏州市戏曲传承中心启用。歌舞剧院有限公司、锡剧团有限公司成功签约。昆剧《白罗衫》《风雪夜归人》、滑稽戏《不来也得来》、中篇弹词《军嫂》、民乐音乐会《丝竹里的交响》等剧目加紧打磨提升。滑稽戏《苏州两公差》等经典剧目启动复排。芭蕾舞剧《天鹅湖》等新剧目被搬上舞台。一批作品入选第十二届中国艺术节全国优秀美术作品展，入围数量在全省领先。在第十六届文华大奖评选中，苏剧《国鼎魂》作为江苏省唯一代表，摘得文华大奖。3个群众文艺节目入围群星奖决赛，小品《生日聚会》喜获第十八届群星奖，实现了专业文艺与群众文化创作生产双丰收。2020年，苏州文化事业持续繁荣，优秀文化作品不断涌现。苏剧《姑苏人家》入选江苏省文旅厅重点扶持剧目。滑稽戏《新唐伯虎点秋香》、《阳台》（方言版）被搬上舞台。14个群文项目入围江苏省"五星工程奖"终评。围绕全面小康和建党100周年，苏州创作了一批重大主题作品，举办了一批主题展演展览。在浓厚的文艺创作氛围下,一大批戏曲、歌舞、绘画、文学作品脱颖而出,为苏州文化的持续繁荣增添了新活力。

其次,推进文旅产业快速发展。苏州一直注重"产业融合、资源整合",推动文化、旅游产业的高质量发展。2019年,苏州对示范性、创新性、引领性好的企业和项目重点跟踪、重点培育,开展优秀新兴业态文化创意企业评选;通过第五批苏州市文化产业示范园区(基地)认定,加强园区(基地)建设;在全市范围内开展全域旅游示范区创建,评选发布了全市年度十大创新旅游产品、乡村旅游十大精品线路和十大精品民宿等。2020年年初的新冠肺炎疫情给人民的生活产生了严重影响。特殊时期的停工停产打乱了人民以往的生活节奏、工作重心,并带来了社会停摆、经济下滑、消费不足和人民心理恐惧等一系列消极影响。为了引导和释放市民生活内需,优化消费环境,倡导消费新理念,在疫情好转之际,苏州转"危"为"机",推出"今夜苏州"品牌,推动"2.0版"夜间经济建设,大力提升文化和旅游在夜间经济中的主导作用,推动"姑苏八点半"夜经济活动;激活"姑苏城外"品牌,开展乡村旅游转型升级行动,深挖乡村文化内涵;积极打造"江南小剧场"演艺品牌,首批推出文旅演艺项目21个。不仅如此,苏州还加快推进亨通苏州太湖梦幻世界、太仓恒大童世界文旅项目等一批十亿级旅游项目。

(三)优化公共文化服务

习近平总书记曾指出:"要推动公共文化服务标准化、均等化,坚持政府主导、社会参与、重心下移、共建共享,完善公共文化服务体系,提高基本公共文化服务的覆盖面和适用性。"立足"国家历史文化名城"的高起点、高定位,苏州持续实施文化惠民工程,优化和完善公共文化服务，强化精准供给、多样供给、品质供给、特色供给，使公共文化服务更加贴近群众需要，高质量推动国家公共文化服务体系示范区后续建设工作持久深入开展，成功走出了一条"覆盖城乡、普惠均等、实用高效、群众满意、引领全国、接轨国际"的公共文化服务体系建设之路。

第一，通过完善图书馆、博物馆、文化馆等公共文化设施建设，不断加强公共文化设施网络体系建设。苏州市、县两级图书馆、群众艺术馆建设均达到部颁二级以上标准，且所有乡镇（街道）都建有单独的综合文化站，人员配备齐全、活动开展多样、设备配置完善。此外，苏州加强对县（市）、区级文化馆的达标建设；对面积未达标的县（市）、区图书馆实行总分馆模式，按照不同县（市）、区的人口比重设置分馆，大大提升了图书馆的使用效益；将面积未达标的文化馆纳入各县（市）、区发展规划，按建设标准建设公共文化馆；要求无少儿阅览室和盲文阅览室的图书馆增加少儿阅览室和盲文阅览室等，致力形成设施完善、布局合理、功能齐全的公共文化设施网络，以方便群众使用。苏州还举办了首届苏州市公共文化服务创新大赛，整合社会多元文化服务供给资源。通过苏州第二图书馆、苏州湾文化中心、狮山文化广场、村（社区）文化服务中心等项目的推进，加快建设文化旅游公共服务设施。2019年12月10日，随着苏州第二图书馆的开馆，苏州图书馆已拥有2个实体图书馆、89个分馆、2个24小时自助图书馆、3个轨道交通图书馆、115个网上借阅社区投递点、28个图书流动服务点。截至2019年，苏州拥有市、区级公共图书馆13个，市、区级文化馆11个。

第二，通过公共图书馆总分馆体系的建设及文化惠民活动品牌的创建，打造公共文化服务供给网络体系。苏州实行重心下移、资源下移，将公共文化服务向基层和农村下沉，积极开展农村文化服务工作。依托传统节日及重大庆典活动等，开展诸如太仓江南丝竹节、太湖开捕节、常熟尚湖国际民间艺术节等具有苏州地方特色的文化活动。推出以"我们的节日""天天有""四进工程""群星璀璨——城区各广场主题活动"为主要形式的品牌文化惠民项目。加强对弱势群体和特殊人群活动区域和服务项目的设置。免费开放各级图书馆、文化馆、博物馆。引入竞争机制，实现公共文化产品供给的市场化。市、县图书馆实行统一采购、统一编目、统一配送的总分馆制，通借通还；在各县（市）、区建设支中心或者基层服务点，实现文化信息资源共享。苏州图书馆总分馆"苏州模式"、张家港"网格化"公共文化服务模式、常熟"图书馆+"模式、太仓向社会力量购买、昆山文化发展资金、吴江区域文化联动等一批创新服务举措得到了文旅部领导和专家的高度肯定。

第三，通过政府领导、部门协作、全民参与，不断增强公共文化服务组织支撑。苏州建立政府统一领导、相关部门分工负责、社会团体积极参与的管理体制和工作机制；有效整合不同部门的公共文化服务资源和项目，在苏州各县（市）、区开展村图书室、农家书屋、党员现代远程教育中心、共享工程基层服务点"四位一体"的农村综合信息服务体系建设；为民营文艺团体、民间文艺社团、农民自办文化等制定相关准入、管理、创作政策等，吸引社会力量参与到公益文化事业中。

第四，通过"姑苏文化人才"等计划，不断加强文化人才队伍建设。苏州积极实施"姑苏文化人才"计划，研究并制定苏州重点人才培养标准；对全市范围内的基层文化从业人员进行制度化、规范化的培训，实行资格认证上岗制度；通过"以奖代补"等形式，加大对文化艺术精品和文艺拔尖人才的奖励和扶持力度等，不断提高和增强从业人员的职业素养与职业技能，吸引高端人才，优化人才队伍结构。

2019年，苏州推出"文化苏州云"和"苏州旅游总入口"两个平台，增强了文化服务的科学性和实效性。2020年，苏州启动苏州文旅智慧平台项目，"苏州旅游总入口"项目入选国家文旅部2020年度文化和旅游信息化发展典型案例。此外，苏州还承办了第十一届中国曲艺牡丹奖全国曲艺大赛，举办了"礼赞新中国 奋进新时代"第三届苏州市群众文化"繁星奖"颁奖仪式暨优秀作品展演活动、苏州市公共文化服务创新大赛，启动了2020年苏州市公共文化服务配送工作，着力打造"苏州最舒心文化惠民心"服务品牌。这些举措极大地改善了苏州文化民生的有效供给，保障了人民群众的基本文化权益。

（四）加强政策法规引导支持

深化文化体制改革，完善文化管理体制，加快构建把社会效益放在首位、社会效益和经济效益相统一的体制机制是党中央对文化体制机制改革创新的要求。近年来，苏州制定了诸多政策来推动文化事业全面繁荣、文化产业快速发展。自2015年起，苏州出台了《苏州市优秀群众文艺作品创作扶持办法（试行）》《苏州市公共文化服务办法》《苏州市2015—2020年公共文化服务保障标准》《苏州市文化创意产业投资引导基金管理办法（试行）》《苏州市濒危非物质文化遗产代表性项目保护办法》《苏州市开展引导城乡居民扩大文化消费试点工作实施方案》《苏州市区公共文化设施布局规划（2015—2030）》《关于加快推进村（社区）综合性文化服务中心标准化建设的实施意见》《苏州市村（社区）综合性文化服务中心服务规范（试行）》《苏州市文化消费项目管理办法（试行）》《苏州市民办美术馆扶持实施细则》《苏州市全域旅游发展配套政策实施细则》《关于加快推进文化和旅游深度融合的实施意见》《苏州市江南水乡古镇保护办法》《苏州市文化产业发展奖励和补贴资金项目管理办法（试行）》《苏州市工艺美术（丝绸）项目资金管理办法（试行）》《苏州市文化创意产业投资引导基金管理办法（试行）》等一大批规范性文件。2020年，苏州文旅法治建设持续深入，苏州市委、市政府研究制定了《苏州市农家乐管理办法》，修订了《苏州市文化"走出去"扶持项目资金补贴实施细则（试行）》《苏州市优秀群众文艺作品创作扶持办法》《苏州市文化和旅游消费项目管理办法》等。2020年，苏州针对存量建筑利用过程中存在的产业认定机制不健全、审批路径不畅的"堵点""难点"问题，通过制定存量建筑盘活利用政策，促进存量建筑盘活利用，提升资源要素利用效益。2021年，苏州公布了《关于实施文化产业倍增计划的意见》，聚焦动漫游戏、影视、网络文化等细分行业，拓展创意设计、演艺娱乐、文旅融合、工艺美术、数字文化装备制造等重点领域，着力支持动漫游戏原创研发、影视拍摄制作、网络文化内容生产、创意设计跨界联合、"百剧之城"品牌建设、文体旅融合发展、工艺美术创新发展、数字文化装备制造八个重点任务。在《关于落实文化产业倍增计划的扶持政策》中，对在苏州大市范围内注册，具有独立法人资格，从事数字文化、创意设计、演艺娱乐、文旅融合等文化产业核心领域产品生产和服务的相关企业或重大项目进行项目建设、资金、政策支持。通过一系列政策引导和支持，推动苏州市文化事业和文化产业的大发展，推动文化和旅游融合发展。

（五）推进"德善之城"常态化工程

苏州一直强化公民道德建设阵地建设。近年来，苏州以培育和践行社会主义核心价值观为工作重点，不断加大对道德模范和身边好人的挖掘、培育、宣传和帮扶力度，将社会主义核心价值观培育和建设与弘扬苏州文化、苏州精神相融合，通过拓宽学习教育渠道，创新打造了"好人好故事"宣讲工作品牌；通过举办"好人好故事"宣讲比赛，培养了一批包括道德模范本人在内的优秀宣讲员；依托道德讲堂等阵地，在机关、学校、企事业单位、村镇、社区等地开展宣讲活动；组织实施"道德模范传帮带"工程，择优筛选项目，给予资金扶持；建立苏州公民道德馆、德善书院等一批重量级的教育阵地；实施道德模范关爱帮扶礼遇计划，为道德模范、身边好人提供免费体检、免费游园、赠阅报刊、紧急救助等帮助，推动社会形成尊崇好人、好人有好报的文化环境……

苏州支持和鼓励道德模范主动投身社会的道德建设，发挥更为自觉的引领带动作用，形成了一个项目带动一片的效应。苏州涌现出了一批又一批的"中国好人"：血洒他乡的苏州好男儿张稚鹤、浒墅关的草根慈善家陈福根、敬业奉献典型毛炳泉、38年后登门还债的"信义渔民"张茂香、"最美船员"残障党员曹留保、苏州市第一个民间助学联盟发起人金斌……一个又一个榜样成为苏州人民群众身边最鲜活的价值观代表。在道德模范们的榜样示范作用下，"老苏州""新苏州""洋苏州"都感受着道德的滋养。在"家在苏州·德善之城"工程的常态化推进下，苏州形成了全社会合力创建文明城市、人人争做好人的良好社会氛围。

（六）搭建中外文旅交流平台

在全球化时代，国际间的文化交流不论从广度上还是从深度上都有了很大的发展。随着各国文化交流的日趋频繁，文化全球化日益成为世界发展的趋势之一。对此，十九大报告中明确指出，要"加强中外人文交流，以我为主，兼收并蓄，推进国际传播能力建设"。

2019 年，苏州成功举办了第八届中国苏州创博会，特别设置了文旅融合展台，吸引了近 20 个国家和地区 600 多家创意设计企业参展。累计参观人数超 20 万人次，签约项目有 318 项，总交易额达 74.68 亿元。5 月，苏州举办了第二十二届"东方水城"中国苏州国际旅游节。在旅游节期间，2019"中国旅游文化周"全球联动项目苏州专场活动同期举办，以主题展览、主题研讨会等形式展示中华民族灿烂文化，其中，"天地与人　谐然共生——美丽中国图片展"及"NICE Choice——中国文旅文创产品海外推广展"作为苏州专场活动的重要内容，展示了苏州作为"世界遗产典范城市"和"手工艺与民间艺术之都"的苏式风情。此外，苏州积极开展文化旅游交流促进活动，赴德国、意大利、波兰、匈牙利等国家及中国台湾地区开展文化交流和旅游推介。2020 年 6 月，匈牙利布达佩斯中国文化中心成功注册，标志着该中国文化中心在法律上正式成立。目前，苏州已经有一批有影响的"文化苏军"队伍——苏州评弹团、苏州昆剧院、苏剧团、苏州锡剧团、苏州歌舞团等。这些专业演出团体早已蜚声海内外。一系列中外文旅交流平台的搭建进一步提升了苏州在国际上的美誉度。

二、坚定文化自信的苏州经验

历史和现实充分证明,一个民族、一个国家的昌盛,必须有文化作为强有力的支撑。对于城市而言,文化既是形象,也是城市发展的软实力和内生动力,决定着城市发展的高度、广度和深度。苏州的发展多年来在全国稳居前列,原因之一就在于苏州在传承地域文化的基础上提升城市文化品位,满足市民不断增长的精神文化需求,致力建设与经济发展相适应的文化体系,进一步提升苏州的文化自信,以高度的文化自信打造了一座古韵今风的现代化、国际化城市。苏州着力建设具有强大凝聚力和引领力的社会主义意识形态,着力培养担当民族复兴大任的时代新人,着力满足人民精神文化生活新期待,着力增强苏州文化影响力,着力构筑思想文化引领高地、道德风尚建设高地、文艺精品创作高地,推动了苏州文艺创作生产、文化重点活动持续繁荣,推动了苏州现代公共文化服务体系和公共文化服务制度化、数字化水平走在全国前列。苏州在坚定文化自信的实践方面有一些基本经验是值得推广和借鉴的。

(一)依托丰厚传统文化,推动优秀传统文化传承发展

悠久的历史文化资源,我们必须要继承和发扬。事实上,苏州也非常珍惜已有的历史文化资源。

苏州始终坚持传承发展,致力在本土传统文化资源的基础上,构建有差异性的文化品牌。苏州立足自身实际,突出富有文化差异性的苏州品牌——苏派(苏意、苏作)文化,对传统文化进行创造性转化、创新性发展,深入挖掘文化资源的内涵,将崇文重教的文化特质传承下去,使苏州的文化品牌具有更持久的生命力。苏州充

分利用吴文化、长江文化、运河文化，对非物质文化遗产进行生产性保护，用现代表达形式，赋予苏州文化新的内涵，进一步增强居民对苏州文化的认同。在2021年1月12日召开的苏州市文化产业高质量发展大会上，苏州市公布了《"江南文化"品牌塑造三年行动计划》，围绕江南文化的挖掘与研究、展示与呈现、转化与发展、传播与推广几个环节，明确下一步将重点发展数字文化产业，聚焦动漫游戏、影视制作、网络文化等八大领域，全力助推苏州文化产业实现倍增目标。同时会上还指出，打响"江南文化"品牌，重塑苏州"江南文化"的金字招牌，苏州当仁不让、责无旁贷；苏州要努力成为"江南文化"的核心叙述者、传播者和引领者。因此，苏州要持续推进"江南文化"品牌塑造十大工程，力争到2023年，使苏州"最江南"的文化特质更凸显，增强在江南文化话语体系中的影响力。

（二）推动文化供给提质增效，不断优化公共文化服务

以往苏州的文艺创作数量并不少，拿奖的文艺作品也不在少数，但是真正让老百姓熟悉并喜爱的作品并不多，原因就在于不少文艺作品缺少"烟火气"，脱离了人民群众的具体生活。因此，苏州近年来更加抓实文艺创作，充分尊重传统文化，从与苏州相关的历史人物、重要事件、成语典故、教科书、古诗词、旅游资源中吸取灵感，使文艺作品浸染着苏式生活的印记。文化精品是需要时间打磨的。苏州坚持弘扬民族精神和时代精神，依托中国戏曲苏州创作基地等平台，举办剧本研讨、创作交流活动，深入生活，做好、做精每一个文艺作品。一个个优质文艺作品受到人民群众的喜爱，苏州的文艺创造也从"高原"迈向"高峰"。

在公共文化服务方面，苏州始终坚持以人民为中心，把创新发

展放在首位,在公共文化体制机制、供给方式等方面探索并形成了具有时代特征、苏州特点的公共文化创新服务模式。苏州作为首批国家公共文化服务体系示范区,在创建国家公共文化服务体系示范区过程中进行了一系列创造性的探索和实践,最终形成了长效保障的公共文化服务制度支撑体系、城乡一体的公共文化服务设施网络体系、全民参与的群众文化活动体系、重心下移的公共图书馆总分馆体系、公共数字文化服务体系、公共文化产品生产和供给体系、特色文化传承和弘扬体系等,为构建基本完善的公共文化服务体系提供了实践示范和制度建设经验。苏州在成功创建国家公共文化服务体系示范区、推动现代公共文化服务体系持续健康发展的过程中的做法和经验,对其他省市公共文化服务体系示范区的创建具有一定的借鉴意义。

第一,国家公共文化服务体系示范区的创建要加大组织领导力度,加强顶层设计。国家公共文化服务体系示范区的创建是一项覆盖面广、牵涉范围大、关联度高的系统工程,需要党委和政府统一领导。苏州各级政府清醒地认识到,作为加强公共文化服务体系建设的责任主体,要把公共文化服务体系建设纳入本地区经济社会发展规划,纳入财政预算,加强对国家公共文化服务体系示范区创建工作的组织领导、统筹协调、政策扶持和督促检查,循序渐进地推进,积极做好协调和服务工作,调动各方面积极性,做到思想到位、领导到位和措施到位。

第二,国家公共文化服务体系示范区的创建要不断进行体制机制创新,提供制度保障。制度建设是公共文化服务体系建设的前提条件,能够保证公共文化服务的长效发展。建立健全的现代公共文化服务体系离不开公共文化制度的建设。苏州在创建国家公共文化服务体系示范区的过程中始终将制度建设放在重要位置：在创建国家公共文化服务体系示范区期间，创新组织领导制度；实行国家公共文化服务体系示范区创建动员会、推进会、创建会等会议制度；深入开展制度设计研究；出台相关财政保障制度、督导检查制度、创建考核制度和信息报送制度。国家公共文化服务体系示范区创建成功后，苏州又形成了"以效益为导向"的长效发展制度体系，将创建过程中形成的经验等上升为制度性文件，比如，公共文化人才培训和资格认证制度等，推动形成了具有苏州特色的现代公共文化服务体系框架。

第三，国家公共文化服务体系示范区的创建要调动社会力量广泛参与，成果由人民共享。公共文化服务体系的建立最终是为了充分保障公民基本文化权益，满足公民的文化需求，不断提升社会文化生活质量。苏州在加强公共文化服务体系建设的过程中，注重引导、鼓励、支持民营文艺团体、民间文艺社团、农民自办文化团体等社会力量参与公共文化服务，这也是苏州国家公共文化服务体系示范区创建的亮点。此外，苏州深知自身创建的难点和弱点在农村、基层，因此将公益性文化工程建设作为公共文化服务体系建设的重要内容，实现公共文化设施"全覆盖"。同时坚持惠普均等的原则，满足多元文化需求。实践证明，群众广泛参与的公共文化服务体系才有可持续发展的生命力。在公共文化服务上，苏州传承吴文化崇文重教、兼容并蓄、求新求精的文化特质，将公共文化发展融入经济建设、社会治理、生态文明建设，融入城市形象塑造、城市品质提升，融入人民群众的日常生活，充分发挥文化引领风尚、教育人民、服务社会、推动发展的功能，因地制宜打造一批惠民活动特色项目，强化文化和旅游在夜间经济中的主导作用。"双塔市集"的走红就是苏州文化与百姓生活融合的最好范例。

(三) 深化文化体制机制改革,繁荣文化事业和文化产业

近年来,苏州努力把自身深厚的文化资源优势转化为产业资源优势,整合资源,集聚优势,大力发展文化事业和文化产业:加强苏州各级各部门的相互协作,加强对文化细分行业的规划研究;加强对文化产业发展的政策支持,精准施策,在人才招引、市场营销、品牌打造、内部管理等各方面发力;着力打造文化创意龙头企业;促进"文化+融合创新发展"等举措,通过资源整合和结构调整,积极发展新业态、新模式、新服务、新消费,促进文化产业的发展繁荣。全市文化产业整体实力显著增强,基本形成了多门类、有特色、有规模、整体实力较强的文化产业体系,其中,文化创意产业不仅在全省名列前茅,而且整体规模已位居全国同类城市前列。

苏州始终坚持创新发展。"文化创意+科技创新"是文化产业的发展方向。① 文化新兴业态是文化内容、科技和资本结合的产物,利用各种数字技术和网络技术、软硬件载体,将文字、影像、语音等文化内容进行加工,通过数字化生产、传递,向消费者提供新形式、多类型的文化内容产品。② 苏州目前已形成文化创意类、数字媒体类、工艺美术及非遗传承开发、艺术创作、时尚休闲类、文化科技融合类、文化旅游等多门类、多类型的文化创意产业体系。

苏州还在原有文化产业体系的基础上,持续推进文化产业供给侧改革,鼓励创新,大力发展新兴文化产业,培育诸如苏州蜗牛数

---

① 宋莹. 传承与创新并举 文化与产业共荣: 苏州文化产业发展现状分析 [J]. 中国商论, 2016 (3): 168.

② 廖文杰, 苏华, 王小林. 欧洲国家文化产业政策对苏州文化新兴业态培育的启示 [J]. 商业时代, 2014 (10): 139-140.

字科技股份有限公司、苏州美生元信息科技有限公司、苏州功夫家族动漫有限公司等新兴业态文化创意企业。同时，开展优秀新兴业态文化创意企业评选，对示范性、创新性、引领性好的企业和项目重点跟踪、重点培育，促进文化产业的转型升级。苏州始终坚持特色发展，通过地方特色文化产业，以有差异性的苏州文化品牌为突破口，构建有影响力的苏州文化产业集群，打造一批区域优势明显、文化特色鲜明的文化产业集聚区。苏州文化创意产业园的建立充分考虑创业、资源、市场和人才环境，着力在服务质量、经济效益、管理创新和社会效益方面做好工作，集中精力处理好资本、人才问题。苏州在可持续发展、创新转型升级的原则下推动文化产业的集聚发展，依托国家级产业基地及省、市文化产业园区，吸引一批有发展潜力的文化项目入驻，以项目带动文化发展，推动苏州市由文化资源大市向文化强市转变。需要注意的是，文化的产业化并不代表文化的商业化，在苏州文化的传播过程中，文化公益事业也要培育。同时，苏州坚持多元发展，强化政府主导，引入市场机制，激发各类社会主体参与公共文化服务的积极性，形成政府、市场、社会多元主体共同推动公共文化发展的格局，增强发展活力，通过年度文化产业重点项目打造文化产业发展新高地。

（四）坚持"立德铸魂"，推动苏州故事"走出去"

在文明城市和文明城市群创建过程中，苏州形成了诸多有借鉴性的经验和启示：一是强化顶层设计，将创建全国文明城市作为全市战略进行部署。苏州各级党委、政府高度重视创建工作。各地各部门自觉将创建工作任务纳入年度工作目标，"一棒接着一棒传，一任接着一任抓"。二是秉持"全民创建，创建为民"的工作理念。苏州自始至终都把以人为本作为文明城市创建工作的出发点和落脚点,努力使创建的过程成为人民群众受惠得益和提升社会文明程度的过程。文明城市的创建离不开市民的广泛参与。创建文明城市,关键是提升人的文明素质,必须采取多种接地气的举措,努力使社会主义核心价值观走进人民的心灵。三是循序渐进、兴利除弊。从抓卫生环境到培育市民文明习惯,从提升城市品质到促进城乡一体文明,苏州在创建文明城市的过程中循序渐进、兴利除弊,不降标准、不减力度、不散队伍,有力、有序推进各项创建工作。

此外,苏州还开展丰富的文化交流活动,推动苏州文化"走出去"。一批打着鲜明苏州标签的文化活动正在走向世界,受到广泛好评。在深化跨文化传播和交流的过程中,苏州在文化传承与创新、文化产业创新发展、文明创建等方面取得了不菲的成就,为苏州建设古韵今风现代化、国际化城市注入了文化的力量和魅力。事实证明,打着鲜明苏州标签的文化活动"走出去"后颇受欢迎,讲出了苏州声音,讲好了苏州故事,提升了苏州的国际形象和美誉度,展现了中国文化特别是吴文化的魅力。

改革开放40多年来,中国的政治、经济、社会、文化等各项事业全面发展,综合国力显著增强,思想文化建设取得了重大进展,为增强文化自信夯实了更加广泛而深厚的社会基础。在改革开放的浪潮中,苏州发生了翻天覆地的变化。中共十八大以来,苏州深入学习贯彻习近平新时代中国特色社会主义思想,按照习近平总书记描绘的宏伟发展蓝图,矢志不移、接续奋斗,努力当好高水平全面建成小康社会的标杆和探索具有时代特征、江苏特点的中国特色社会主义现代化道路的标杆,在产业转型、科技创新、社会治理、民生改善、生态优化、文化繁荣、党的建设方面取得了一系列新成就、新突破、新亮点,生动诠释了中国特色社会主义的"苏州实践"和"苏州样板",赢得了"世界九大新兴高科技城市之一""中国十大最具经济活力的城市之一""中国最具魅力的城市之一"等美誉。2019年,苏州实现地区生产总值19 235.8亿元,升至全国第六位,城乡居民人均可支配收入分别达到6.86万元和3.5万元,成为全国城乡居民收入差距最小的地区之一。2020年,苏州经济发展量质齐升,创新转型持续深化,综合实力显著增强,地区生产总值超过2万亿元。改革开放以来,在文化的引领下,苏州的发展有目共睹。

第二节 建设社会主义现代化文化强市的发展展望

苏州在经济总量规模、产业规模和开放型经济方面优势明显,具备了先行探索建设社会主义现代化实践的基础。基于昆山市、苏州工业园区先行试点,基于苏州多年先行探索的经验积累,苏州全面开启社会主义现代化建设的时机、条件已成熟。然而对标《江苏基本实现现代化指标体系(试行)》和《苏南地区现代化建设指标体系(试行)》,虽然苏州大部分现代化指标均已达标,但文化发展领域还存在诸多短板:文创产业核心竞争力不强,文化产业业态缺少高峰;传统文化缺少产业,旗舰型的大项目、大企业还不多,领军型、复合型文创人才不足;等等。苏州作为全国的经济先发地区和改革开放的前沿阵地,铭记习近平总书记"勾画现代化目标"的殷殷嘱托,在文化现代化建设方面先行先试,让文化融入苏州城市发展的方方面面,既做产业高地和创新高地,也做生态高地和文化高地,以此探索建设社会主义现代化文化强市之路。

一、加强顶层设计，制定文化现代化指标体系

完备的指标体系本身有利于促进和引领现代化发展。苏州统筹规划，加强顶层设计，率先探索社会主义文化现代化先行先试路径，及早启动部署，建立书记、市长"双挂帅"的文化现代化工作领导小组，提早制订《苏州市"十四五"文化产业发展规划》，带头制定苏州新时代社会主义文化现代化实践的路线图和时间表。

苏州构建科学而系统的文化现代化指标体系，要着重突出指标体系的全面性、科学性和领先性，体现"国际公认、中国特色、地方特点"，引领新时代文化现代化的建设实践。具体来讲：在文化现代化指标体系构建上，要全面反映文化现代化趋势和国家、省全面建设现代化战略构想和谋划，使文化现代化指标体系框架、主要指标及权重设置既体现趋势要求，又实现与国家层面战略构想的有机衔接；大部分指标目标值的设定都要力求领先，在目标值上体现赶超；指标的设置要精准体现县级市、开发区的特点，同时兼顾对全国县域、开发区的适用性；指标体系的构建要邀请社会各界参与讨论，广泛征求意见，提高人民群众的参与度和满意度。需要注意的是，在文化现代化指标制定的过程中，既要设立可以精确测量的显性指标，比如苏州市的物质文化遗产数量、非物质文化遗产数量、城市旅游资源、公共文化基础设施等，也要设立无法用数据衡量的非显性指标，比如市民归属感、市民诚信意识、城市创新精神等。

 二、传承传统文化，打响"江南文化"品牌

苏州文化是一种继生性文化，是在先秦之后中原文明衣冠南

渡、中国社会经济文化重心由黄河流域向南方尤其是东南长江下游一带转移的漫长历史进程中形成的。崇文重教、开放包容、温和内敛、精细雅致的苏州文化特色形成的过程，就是新的苏州文脉传承的过程。在新时期，苏州要提高站位，谋划如何处理好历史与现实、传统与现代、文化与经济的平衡与转化的关系，整合政治、经济、文化等资源，科学地将各市（县）、区的文化品牌脉络串联起来，形成既有共性又不乏个性的"江南文化"，充分展现苏州城市的特点和魅力。

要打响"江南文化"品牌，首先要弄懂"江南文化"是什么。学术界对"江南文化"的研究颇多，对"江南文化"的内涵、要素、打造路径等问题都做了较为翔实的阐释。

（1）关于"江南文化"的内涵和外延。有学者认为，从审美文化的角度看，江南文化本质上是一种诗性文化，江南文化只有在审美自由精神这一点上，才真正体现出古代江南民族对中国文化最独特的创造，是其他区域文化不能替代的。① 有学者认为，务实是江南文化一个鲜明特点，即讲实学、办实事、重实效、求实惠。② 有学者认为，江南社会的传统意识就是注重从实际出发、开放包容、灵活应变、开拓创新的求真务实精神。③ 有学者认为，"诗性审美"与"实用理性"是江南文化传统的双重内核，两者此消彼长，生生不息。④ 有学者认为，尚智、求精、勤劳、坚韧、开放、

---

① 刘士林．江南文化与江南生活方式[J]．绍兴文理学院学报，2008（1）：25．
② 熊月之．略论江南文化的务实精神[J]．华东师范大学学报：哲学社会科学版，2011（3）：34．
③ 陈国灿．略谈江南文化的海洋特性[J]．史学月刊，2013（2）：9．
④ 葛永海．江南文化传统的本体之辨[J]．史学月刊，2013（2）：11．

包容、协同、律己、诚信、创新、诗性、文雅等是江南文化的基因。① 也有学者指出，以上海为代表的海派文化、以苏州为代表的吴越文化、以南京为代表的金陵文化等是江南文化的核心主体。②

（2）关于"江南文化"品牌塑造的核心要素。有学者指出，城市品牌是从城市的历史角色、文化底蕴、人文风情、地理特征、产业优势、经济实力、发展前景等诸多因素中经过综合、概括、抽象、比较筛选出来的。③ 有学者指出，城市品牌塑造需要整合运用城市营销、城市形象、城市文化和城市内部品牌等各分支领域的理论与方法④。也有学者强调，城市文化品牌的塑造既要坚持内涵建设，也要注重经营管理，二者相辅相成，缺一不可。⑤

（3）关于"江南文化"品牌塑造的路径。有学者认为，江南文化研究已成为长三角建立世界级城市群的重要组成部分。⑥ 也有学者认为，随着长三角一体化上升为国家战略，要以江南文化引领长三角区域高质量发展。⑦ 有学者指出，苏州要以"文化+"发展理念提升文化影响力，打造品牌活动。⑧ 尊崇个人才情和自由的主体精神、崇文重教而人文荟萃的社会氛围、言利重约和诚信双赢的商业伦理、习艺求名而精益求精的工匠情怀等文化基因都是今天我

---

① 马亚中. 在长三角一体化格局下彰显"江南文化"魅力［N］. 苏州日报，2021-1-21（A06/07）.
② 居易. 全力推进"江南文化"在新时代获得新发展［N］. 苏州日报，2021-1-21（A06/07）.
③ 李成勋. 城市品牌定位初探[J]. 市场经济研究，2003（6）：9.
④ 张锐，张燚. 城市品牌理论研究综述[J]. 商业研究，2007（11）：82.
⑤ 高迎刚，丛晓煜. 城市文化品牌塑造原则与路径探析[J]. 艺术百家，2019（6）：60.
⑥ 刘士林. 江南文化的当代内涵及价值[J]. 学术研究，2010（7）：89.
⑦ 王健. 江南文化的发展创新之路[J]. 艺术百家，2020（2）：96.
⑧ 姜锋. 多措并举"文化+"发展新理念提升文化影响力［N］. 苏州日报，2017-10-17（A05）.

们教化社会、打响苏州文化品牌可资挖掘、借鉴的历史资源。而苏州范围内的"江南文化"是从城市中不断成长起来的文化底蕴、内在气质和自然禀赋的集合体,既反映了苏州的自然、历史、人文,彰显了苏州的城市形象、气质和品格,也反映了苏州的发展愿景和方向,体现了苏州的精神和追求。

从苏州历史文化型城市的角度出发,苏州可以从"天堂苏州"这一维度去考虑"江南文化"品牌的塑造,打造最具苏州标识的文化品牌:以"天堂苏州"为核心品牌,然后按照"整体塑造、重点推进"的原则,发展文化品牌、产业品牌、企业品牌、旅游品牌、环境品牌等城市品牌的子品牌,形成城市文化品牌战略。打响"江南文化"品牌,要整体规划、统筹管理,依托《"江南文化"品牌塑造三年行动计划》,更加注重人文意识,注重百姓的利益和需求,将苏州文化品牌做成"凝聚力工程",使有着不同精神需求的"老苏州""新苏州""洋苏州"能够拥有共同的价值观,进一步凝聚人心。可从以下几方面入手:

第一,精准定位苏州"江南文化"品牌,在内涵上扩容。苏州要深化文化品牌、产业品牌等要素,将苏州传统工艺融入文体旅项目,打造苏州"三大法宝""苏作苏意"等本土品牌,高标准打造吴门望亭、浒墅关、枫桥夜泊、平江古巷、虎丘塔等"运河十景"地标项目和标志景观,构建"水韵古城"和"水乡古镇"两大品牌,并建立"江南文化"系列主题公园。

第二,整合发力,协同联动。苏州要加强学术界对"江南文化"品牌的理论研究;在"江南文化"品牌名称征集、LOGO 设计等环节提高公众参与度;发挥媒体的监督、建议和引导作用;让全市的城市管理、文化广电、生态环境、教育等部门协同联动,整合发力。

第三，通达内外，运用现代多元的宣传载体。苏州要选拔"江南文化"品牌形象代言人，统筹各职能单位，统一宣传步调，对内进行品牌打造，对外进行品牌宣传，将苏州"江南文化"品牌推向全国，推向世界。

第四，保障制度，完善"江南文化"品牌组织管理机制等。苏州要制定出台相关文件和政策，让"江南文化"品牌的组织、管理形成制度化成果；积极打造长三角区域内城市群品牌，加快构建长三角区域品牌合作机制，构建长三角一体化城市品牌评估体系，发挥城市品牌群的聚集效应、规模效应、辐射效应，加快融入长三角区域一体化。

"运河十景"简介

2021年1月12日，苏州召开文化产业高质量发展大会，根据苏州大运河文化遗产价值特点和资源优势，正式启动"运河十景"建设，致力建设一批有生命力的地标项目和标志景观，开发一批运河主题精品旅游线路，着力构建大运河国家文化公园"水韵古城""水乡古镇"两大核心品牌。

1. 吴门望亭

望亭，古名御亭，曾名鹤溪、茂苑。"灯火穿村市，笙歌上驿楼"描述了古时望亭镇的繁荣景象。望亭镇烙印着崧泽文化、良渚文化等痕迹，至今已有2 000多年的历史。望亭镇拥有肖家浜遗址、鲇鱼口遗址、寺前村遗址、旺家墩遗址、前溪港遗址、长洲苑遗址、越干王城等古遗址及望亭堰、望亭驿、吴驿道、夏禹奠、月城城门、杨柳墩等古遗迹。通过"2353"行动计划，围绕生态治理修复提升、景观风貌更新提升、文旅生态产业交通融合提升"三大战略",依托稻香、古驿、运河"三大文化印记",打造全新望亭运河景观,做美大运河苏州段的第一印象。

2. 浒墅关

浒墅关,亦称浒关。因明宣德四年(1429)户部在浒墅设钞关,故此地名浒墅关。浒墅关具有2500多年的历史,素有"江南要冲地、吴中活码头"之称,是"全国先进文化乡镇"。古时有被文人墨客吟咏的"浒墅八景"(又名"虎畷八咏",即昌阁风桅、龙华晚钟、浮桥夜月、渔庄夕照、南河榆荫、白荡菱歌、管山春眺、秦余积雪),拥有文昌阁、三里亭、兴贤桥等古迹,盛产白菱、草席。郑辟疆及费达生使浒墅关的蚕桑文化受世人关注。浒墅关以"苏州大运河人文会客厅、长三角文化旅游融合发展示范区、国际运河文化旅游休闲目的地"为定位启动浒墅关古镇建设项目,围绕"运河记忆、码头商驿、浒关水邑"三大主题打造"运河文化小镇",构建具有浒墅关文化特点和核心竞争力的运河文化产业带。

3. 枫桥夜泊

枫桥镇(今枫桥街道)以枫桥集镇而命名。明清时期的枫桥是全国最大的米豆集散地。枫桥古镇、寒山古寺、古运河、枫桥、铁铃关"五古"全国闻名。"姑苏城外寒山寺,夜半钟声到客船。"张继的一首《枫桥夜泊》让枫桥和寒山寺为世人所熟知。枫桥街道通过改造枫桥风景名胜区,保护运河遗存,重点打造"唱响一首诗""做优两篇文章(游线)""讲好三个故事"三大板块,擦亮"枫桥夜泊"文化名片。

4. 平江古巷

平江古巷即平江历史街区,距今已有2500多年的历史,基本延续了唐宋以来的城坊格局，是苏州现存最典型、最完整的古城历史文化保护区，现为国家AAAA级旅游景区。这里拥有狮子寺巷、传芳巷、东花桥巷、曹胡徐巷、大新桥巷、卫道观前、中张家巷、大儒巷、丁香巷、胡厢使巷、萧家巷、钮家巷、悬桥巷等20多条古巷，其中名胜古迹众多。姑苏区围绕老旧区域搬迁和改造、老宅院落保护修缮、特色街巷打造、精品酒店招商、运河文旅产品开发等举措，进一步加强平江历史街区的建设，推进文旅融合，彰显吴门风雅。

5. 虎丘塔

虎丘距今已有2 500多年历史，素有"吴中第一名胜"之称。虎丘山拥有剑池、真娘墓、虎丘塔、拥翠山庄、试剑石、千人石、西溪环翠、万景山庄等景点。"先见虎丘塔，后见苏州城。"虎丘塔即云岩寺塔，斜而不倒，是中国第一斜塔，被称为"中国的比萨斜塔"，是江南现存时代最早的一座佛塔。虎丘通过全力打造塔影园、花神苑及数字化3D模式，对虎丘的历史遗存进行保护修复，重现虎丘千年文脉。

6. 水陆盘门

"人语嘲喧晚吹凉，万窗灯火转河塘。"盘门，曾名蟠门，是大运河进入苏州的一道关口，是苏州古城西南的交通要道和重要屏障。盘门景区拥有盘门、吴门桥、瑞光塔三景，通过"水陆盘门"建设项目，在修复古建的基础上，不断丰富漂浮观影等运河文化体验活动。以"姑苏夜话"项目为抓手，以定制游船为载体，对运河沿线景观进行美化、灯光亮化，以灯光秀形式展现运河文化。

7. 横塘驿站

范成大笔下的"年年送客横塘路，细雨垂杨系画船"描述的就是横塘。横塘驿站是全国大运河沿线现存的唯一一个完整的古驿站建筑,古时是传递官府文书及为往来官吏提供食宿的水陆两用驿站。当前,横塘驿站一期修缮及环境整治工程基本完工,周边的绿化景观带也在建设中。横塘通过恢复横塘驿站风貌,挖掘横塘驿站的历史典故,不断丰富横塘驿站的文化内涵。同时依托特色文创产业园,做优大运河文化带数字文化产业,重现横塘驿站启用时的历史场景。

8. 宝带桥

"印公豪效苏公物,飞作吴中第一桥"是乾隆皇帝对宝带桥的美赞。相传此桥为纪念苏州刺史王仲舒变卖束身宝带带头捐款筹建而命名。宝带桥是中国古代十大名桥之一,被国务院批准列入第五批全国重点文物保护单位名单,全长316.8米,面宽4.1米,53孔连缀,被誉为吴地民心工程,是我国现存最早、桥孔最多、桥身最长的连拱石桥。苏州通过宝带桥·澹台湖核心展示园二期工程建设,全力打造大运河国家文化公园,打造运河沿岸"最美弯角",重现"长虹卧波、宝带串月"景象。

9. 石湖五堤

"吴郡山水,近治可游者,惟石湖为最。"石湖素有"吴中胜境""吴中奇观"之称,是太湖风景名胜区的重要景区。石湖五堤是指吴堤、越堤、石堤、杨堤和范堤五条堤坝。吴堤是为纪念吴越文化中的吴国而命名,全长2 000米,有"野营岛"等景点,是五堤中的自然堤岸;越堤是为纪念吴越文化中的越国而命名,全长1 200米,是石湖主要赏景路线,中部桃花岛的仙居阁尤其适合品茶赏景;石堤是根据石湖而得名,全长1 100米,有"七星伴月"建筑群及石湖国学讲堂,此堤以天文为主体;杨堤是为纪念隋朝大臣杨素在上方山建"新郭"而命名,北起游船码头,南到梅圃溪堂,全长1 200米,有"层台清晓""海棠春晓""梅圃玉雪"等景观,是石湖五堤中景观最丰富的一堤;范堤是为纪念"石湖居士"范成大而命名,全长1 300米,堤上有"四贤游湖"("四贤"指范成大、杨万里、陆游、尤袤)和"吴越潮音"。石湖通过进一步推进五堤的环境优化,致力打造考古博物馆、渔家水乡等文商旅品牌,做强"石湖串月"民俗文化品牌,同时打造以艺术创意、沉浸体验、生态宜居、休闲旅游、功能提升为主要内容的蠡墅生活美学小镇。

10. 平望·四河汇集

拥有"天光水色,一望皆平"美誉的就是平望镇。曾经的"大商巨舶""百货凑集"演绎了"通运江南"的繁华景象。平望·四河汇集包含吴江运河文化旅游景区和运浦湾农文旅发展示范区两大片区,围绕着"一桥、一寺、一道、一湖、一集、一塔、一驿、一带、一院、一品"这"十个一"打造十个文化地标。以十个文化地标性项目为着力点,以《打造运河名镇·建设美丽平望三年行动计划》为总抓手,精心塑造平望"运河名镇"标签,将大运河、老运河、太浦河、頔塘河这四河元素融入经济社会发展的方方面面,打造现代版"运河繁华图"。

"运河十景"的保护、打造和修复是为了更好地展现运河文化。"运河十景"浸染着浓厚的"江南文化"基因,是"江南文化"复现和重振的载体。苏州要通过"运河十景"的打造来持续打响"江南文化"品牌。

三、坚持以人为本，培育文化现代化建设新人

建设社会主义现代化文化强市离不开对社会主义现代化文化新人的培育。"人是文化的符号，符号隐喻性价值就是可以选择性地创造文化。"① 文化自信的重要环节在于人民群众的认可和实践。文化的现代化不仅意味着物质的充足，也体现在人们文化素养的现代化程度上，体现在人们精神生活的满足上。苏州要进一步增强文化自信的重点就是创新居民文化活动的内容和形式，建立与群众文化需求相匹配的文化供给体系。此外，苏州还要推出一系列具有苏州特色的精品演出、夜游线路和消费活动，深入挖掘苏州文化中的智慧结晶，找准传统文化与现代生活的契合点，把以民俗为代表的传统生活方式融入现代生活，增强传统文化对现代社会的适应性；进一步激发和引导市民的消费活力和消费偏好，不断释放和扩大社会消费需求；通过丰富多彩的活动、贴心高效的服务、多元化的消费模式，在充分展现苏州地方特色的同时，满足人们多元化的精神需求，营造一种动态循环的品牌文化效应，以此提升人民群众的文化现代化水平。在培育社会主义文化现代化新人的过程中，苏州尤其要注重文化人才的现代化。苏州从来不缺文化和历史，缺的是那些能将文化加工并且传播出去的人。培育社会主义现代化文化新人不仅要关注"老苏州"，也要关注新进入苏州的创新团队及人才队伍。除了在吸引人才方面提供政策支持外，苏州还要凭借深厚的文化底蕴吸引人才，要用良好的社会氛围，让高技术文化人才有归属

---

① 张鸿雁. 特色小镇建设与城市化模式创新论：重构中国文化的根柢［J］. 南京社会科学，2017（12）：62.

感,融入苏州文化建设的浪潮中,最终使苏州所有人民群众的主体精神得到尊重,主体积极性得到激发,主体价值得到实现。何传启在《中国现代化报告2020——世界现代化的度量衡》一书中详细阐述了世界现代化的100个指标,其中对文化和个人生活领域的现代化指标进行了明确的界定(部分内容见表1)。这可以为我们培育现代化文化新人提供方向和借鉴。

表1 世界现代化的100个指标(节选)①

领域	主题	亚主题	指标	解释
文化	文化生活	大众文化	人均年看电影次数	年看电影人次/全国人口
			人均出国旅游次数	年出国旅游人次/全国人口
		网络文化	互联网普及率	互联网个人用户数/全国人口
			移动通信普及率	手机用户数/全国人口
			网络音乐用户比例	网络音乐注册用户数/全国人口
			网络犯罪报案比例	网络犯罪报案登记数/全国人口
	科技与创新	科技	科研经费比例	R&D经费支出/GDP
			科研人员比例	R&D人员/全国人口
			发明专利申请比例	国内居民发明专利申请数/全国人口
			人均知识产权出口	知识产权出口收入/全国人口
			人均知识产权进口	知识产权进口支出/全国人口
		创新	企业创新比例	开展R&D活动的企业数/企业总数

---

① 何传启.中国现代化报告2020:世界现代化的度量衡[M].北京:北京大学出版社,2020:264-265.

续表

领域	主题	亚主题	指标	解释
个人生活	营养与健康	营养	人均蛋白质供应	每天蛋白质供应总量/全国人口
			营养不良人口比例	营养不良人数/全国人口
			儿童超重比例	5岁以下儿童超重人数/5岁以下儿童人数
		个人健康	平均预期寿命	出生时平均预期寿命
	家庭与住房	家庭	总和生育率	妇女平均生育子女数
			家庭人均可支配收入	全国家庭可支配收入/全国人口
		住房	人均住房面积	全国家庭住房总面积/全国人口
	生活模式	生活方式	安全饮水普及率	获得安全饮水的人口/全国人口
			卫生设施普及率	拥有卫生设施的人口/全国人口
			汽车普及率	全国家用汽车总量/全国人口
			人均航行次数	年航客人次/全国人口
			网购人口比例	网购用户数/全国人口
			人工智能家庭普及率	全国家用人工智能设备总数/全国人口
		生活满意度	生活满意度	生活满意度指数值，指数数值从低到高（4~10）越高越好

四、整合资源优势，做大做强文化事业和文化产业

2014年，习近平总书记视察江苏时强调，要把推动文化建设迈上新台阶作为建设"强富美高"新江苏的五项重点任务之一。中共十九届五中全会要求，要健全文化产业体系，实现繁荣发展文化事业和文化产业、提高国家文化软实力的目标。江苏省委、省政府认真贯彻总书记重要讲话精神，对推动文化建设迈上新台阶做出专题部署，把推进文化业态创新、繁荣发展文化事业和文化产业、建设文化强省列入"十三五"时期的重大战略任务。苏州文化资源丰

富,发展文化事业和文化产业有得天独厚的优势。文化事业和文化产业的发展对于苏州建设"现代国际大都市,美丽幸福新天堂"的美好城市愿景有重要意义。苏州应立足党中央要求,在历史的纵坐标和现实的横坐标中审视自身文化发展,加快发展现代文化产业,推动文化产业结构优化升级,不断提升苏州文化发展的水准,打造文化强市。

在建设社会主义现代化国家的新征程中,苏州文化产业和文化事业的发展要坚持"政府引导,企业主体,市场主导"的原则。

首先,政府要逐渐放宽权限,进一步激发文化企业活力。政府应主要在设计规划、政策引导、资源整合、监管服务、人才引进、宜居生活、配套服务等方面下功夫,做到"前期引领、中期服务、后期退出",转变角色,由"审批型"政府向"管理型"政府转变。要进一步简政放权,放低门槛,放宽政策,放开市场,放活主体,在行政审批、检查评比、税费负担等方面,尽量减少政府权力对文化企业创新创业的种种制约,在配套设施、社会管理、公共服务、体制机制建设等方面为文化企业做好高效便捷的服务和保障工作。具体来讲,政府要积极鼓励、支持文化企业利用高新技术进行改革创新,引导企业技术改造的投资,使文化企业在产品创新、业态创新和管理创新等领域有所发展,提高文化产品生产效率。依托《关于实施文化产业倍增计划的意见》,苏州应围绕支持重大项目建设、培育壮大市场主体、支持文化载体建设、鼓励原创内容生产、加强人才引进与培育、加大文化金融支持、扩大文旅消费规模、落实对外文化贸易政策、加大财政资金保障、落实减费降税政策十个方面,把相关文化企业的资金、政策支持落实到位。一句话就是,政府要充分尊重市场在资源配置中的决定性地位,不过度干预产业发展，在此基础上发挥文化企业主体作用，在投融资、生产运营、产业孵化、科技研发及成果转化等方面坚持以企业为主。

其次，企业要顺应市场，做优文化事业和文化产业。市场是资源配置的有效手段。市场通过交换、信息反馈等手段有效调节经济活动，实现资源配置。文化企业应根据市场需求，调整生产；顺应市场，加强科技创新和成果转化；做大市场，控制市场决策权和定价权。苏州文化事业的发展要坚持为人民服务、为社会主义服务的方向，坚持百花齐放、百家争鸣的方针，全面繁荣新闻出版、广播影视、文学艺术、哲学社会科学事业，着力提升公共文化服务水平，让人民享有更加充实、更为丰富、更高质量的精神文化生活。苏州文化产业的发展要加快培育动漫游戏、创意设计等新型文化业态，推动苏州传统文化产业转型升级。

五、立足本土文化，深化特色文化的交流和传播

一般来讲，人们谈到文化的交流传播时，更多的是从社会效益层面强调其重要性，但笔者认为，文化的交流和传播不仅要立足自身实际，也要强调社会效益和经济效益的统一。单纯为了文化交流活动而搞形象工程，不分青红皂白地进行文化的对外传播，这样的做法不仅无法产生预期的价值，也是对人力、财力资源的浪费。当然，单纯地用社会效益或经济效益去评价文化交流和传播的做法也是不明智的。评价苏州本土文化的交流和传播不能单看投入了多少人力、物力、财力，产生了多少经济效益，而是需要看文化交流和传播带来了多少增长点。

文化产业的"新浪潮"已经到来。苏州的文化产业在规模、创

新能力、整体质量上都还有很大的发展空间。苏州必须主动适应时代发展需要，推动文化产业与其他关联业态深度融合、协同发展，开拓苏州特色文化产业的"新蓝海"，使文化产业成为历史文化名城的支柱产业。苏州是江南文化的重要发源地，要围绕悠久的历史文化资源打造具有苏州特色的文化产业。特色文化产业不仅要做到"人无我有，人有我优"，还要定位明确。特色文化产业的选择需要兼顾多方面的问题，比如：文化产业是否有规模优势，文化产业的投资环境和吸引高端人才的能力如何，文化产业是否具有可持续发展的空间……鲜明的文化产业特色背后是相对成熟的产业群，而这种产业是经过很长时间的实践探索选择出来的。苏州特色文化产业要在立足实际的基础上做优特色，要在前期有一定产业规模和产业积累的基础上做大做强，进一步夯实特色文化产业基础，形成"人无我有，人有我优"的产业优势；要根据文化产业聚集带来的辐射效应，形成围绕产业定位展开的产业、文化、旅游和社区等多项功能相融合的完整生态圈；要以历史文化解读项目、文化内涵挖掘项目、社会力量调动项目为抓手，充分利用互联网、大数据等，把静态的文化保护向活化的文化展示、文化营销转变，在小巷美食、小河文化、小酌休闲等传统苏式生活的基础上，让传统文化和当代艺术相融合，将现代生活深深扎根于苏州传统文化之中，让精细、雅致、"有腔调"成为新苏式生活的一部分，使苏州的历史文化"活"起来。

带有苏州本土文化痕迹的文化产品和文化活动才有温度，才能在对外文化交流和传播中展现苏州独有的历史文脉和古城气息。苏州要打造全方位开放交流平台，通过持续升级苏州智慧文旅平台——"君到苏州"等平台，推动园林、刺绣、丝绸等苏州优秀传统文化在全省、全国的宣传；在对外文化交流和传播中，要根据不同国家的文化风俗因地制宜，有的放矢，创新文化交往载体与方式，推动苏州文化"走出去"，打造高品质文化外事活动；要深化传播方式创新，转变文化营销理念。

2009年4月，习近平同志在江苏调研时指出："像昆山这样的地方，包括苏州，现代化应该是一个可以去勾画的目标。"2014年12月，习近平总书记视察江苏时再次强调"勾画现代化目标"，要求苏州工业园区在开放创新、综合改革方面发挥试验示范作用。2020年12月，在江苏省委十三届九次全会上，省委对苏州提出"十四五"期间新使命定位，要求苏州把"可以勾画"的目标真实展现出来，打造向世界展示社会主义现代化的"最美窗口"。在今后的发展中，苏州需要进一步对标找差，努力建成充分展现"强富美高"新图景的社会主义现代化强市。与此同时，苏州还要把建设成社会主义现代化文化强市作为时代任务，在文化领域找准实现文化现代化的发力点，为其他地区文化大发展、大繁荣提供借鉴，也为全国的社会主义文化现代化建设"探路子""树样板"。

后　记

　　文化有持久的生命力，能够深刻作用于民族凝聚力和创造力，能够为中华民族伟大复兴提供精神动力和思想智慧。坚定文化自信，是事关国运兴衰、事关文化安全、事关民族精神独立的大问题，既是一个理论问题，也是一个实践问题。在开启全面建设社会主义现代化国家新征程的大背景下，如何坚定文化自信，从而进一步实现文化现代化和人的现代化，值得我们思考。

　　从2017年进入党校开始，我便与文化研究有了不解之缘。2017年，我参加了现任中共苏州市委党校副校长方伟主持的苏州市文化研究招标课题"文化自信的现实意义"的部分研究工作。同年，参与了苏州市委党校余大庆教授负责的苏州市2017年度吴文化研究资助项目《苏作苏意：苏州传统工匠精神》一书的编写工作。在研究过程中，我从基本的文化概念入手，一点点了解苏州文化，一点点走进文化世界。项目完成后，方伟老师一直鞭策、鼓励我要把苏州文化研究持续深入下去。2018年，我被评为苏州市第三届"姑苏宣传文化青年拔尖人才"。围绕文化自信、社会主义现代化试点、文化现代化等内容，我撰写了多篇文章，对苏州传统吴文化、特色革命文化及社会主义先进文化有了一定的了解和把握。因此，本书是在以往所有研究成果基础上的系统化和深化。

从文化自觉、文化自信到文化自强，对文化自身价值的充分肯定和积极践行是一个循序渐进的过程，没有任何捷径可言。做学术研究亦是如此。随着时代的发展，学术热点层出不穷，但"拼速度追热点"的著作、论文越来越多，静下心来潜心研究并持续挖掘一个学术方向反而变得难能可贵。"如切如磋者，道学也；如琢如磨者，自修也。"在研究文化的过程中，有时，我感觉前方似乎有无数条路可走，在很多时候却又觉得无路可走。从确立观点到打磨观点，到推翻观点，再到重新确立观点，在反反复复之中，我对文化的认知不断加深：文化的真正本质和真正表达在于社会关系的总和——实践的人。倘若文化的主体性被削弱，文化便无法得到很好的传承。文化的传承，人人有责。学术研究的意义是和当下对话。我并非文化领域的专家，但深知文化自信这一命题在理论和实践上的深远意义。坚定文化自信，其最终目的并不是在学术界掀起百家争鸣的学术讨论，也不是在课堂上对莘莘学子进行灌输教育，而是让人们懂得应从历史中去寻找文化基因，从文化自信中实现马克思主义的"最高命题"或"根本价值"——人的自由而全面的发展。以上是我在写作《文化自信与苏州实践》一书过程中的心理写照。而这些观点不断累积和深化，也开始让我转向了文化现代化，抑或人的现代化。这种学术兴趣点的转折不是学术方向上的改变，更确切地说，是一种"回归"。

  深思熟虑方能解惑。文化已成为我学术生涯中一个坚守的追求与方向。于是，我将近年来的读书心得、学习体会、课题研究数据做一个归纳总结并展现给读者，以期起到抛砖引玉的作用。我从文化自信的理论思考和苏州实践两个方面入手，在理论层面阐释了文化自信的内涵、主要来源、坚实根基、当代价值、现实挑战以及坚定文信的路径，在苏州实践层面介绍了苏州坚定文化自信的做法、经验以及进一步夯实文化自信、建设社会主义现代化文化强市的路径，力图帮助广大读者对文化自信问题有更进一步的了解。

  值此付梓之际，我要衷心感谢中共江苏省委党校胡志军副校长为本书撰序点睛，其对基层党校教师做好教研咨工作的殷殷期望将成为我不懈奋进的动力；感谢中共苏州市委党校常务副校长杨军为青年教师搭建的各种学术平台；感谢中共苏州市委党校副校长方伟在全书提纲和体例上给予指导，并对书稿提出修改完善建议。还有很多给予我鼓励、支持并帮助我的领导、老师及朋友，在这里我也一并感谢。由于水平有限，书中会有疏漏之处，敬请广大读者提出宝贵意见。

  2021 年是中国共产党成立 100 周年，也是全面建设社会主义现代化国家新征程开启之年。作为一名党校青年教师，我谨以此作献给党和祖国。

姜春磊

2021 年 1 月